ilustração digital

Dados Internacionais de Catalogação na Publicação (CIP)
(Simone M. P. Vieira – CRB 8ª/4771)

Vigna, Carolina
 Ilustração digital / Carolina Vigna. – São Paulo : Editora Senac
São Paulo, 2022.

 Bibliografia.
 ISBN 978-85-396-3650-1 (impresso/2022)
 e-ISBN 978-85-396-3651-8 (ePub/2022)
 e-ISBN 978-85-396-3652-5 (PDF/2022)

 1. Arte por computador 2. Computação gráfica 3. Desenho
– Técnicas 4. Desenho digital 5. Ilustração como profissão
I. Título. II. Série

22-1671t   CDD – 741.6
                                                BISAC DES007040

Índice para catálogo sistemático:
1. Ilustração digital : Design gráfico   741.6

ilustração digital

carolina vigna

Editora Senac São Paulo – São Paulo – 2022

ADMINISTRAÇÃO REGIONAL DO SENAC NO ESTADO DE SÃO PAULO
Presidente do Conselho Regional: Abram Szajman
Diretor do Departamento Regional: Luiz Francisco de A. Salgado
Superintendente Universitário e de Desenvolvimento: Luiz Carlos Dourado

EDITORA SENAC SÃO PAULO
Conselho Editorial: Luiz Francisco de A. Salgado
　　　　　　　　　 Luiz Carlos Dourado
　　　　　　　　　 Darcio Sayad Maia
　　　　　　　　　 Lucila Mara Sbrana Sciotti
　　　　　　　　　 Luís Américo Tousi Botelho
Gerente/Publisher: Luís Américo Tousi Botelho
Coordenação Editorial/Prospecção: Dolores Crisci Manzano
　　　　　　　　　　　　　　　　 Ricardo Diana
Administrativo: grupoedsadministrativo@sp.senac.br
Comercial: comercial@editorasenacsp.com.br

　　　Edição e Preparação de Texto: Heloisa Hernandez
　　　Preparação de Texto: Mariana Cardoso
　　　Revisão de Texto: Ana Luiza Candido
　　　Projeto Gráfico, Editoração Eletrônica e Capa: Manuela Ribeiro
　　　Imagens: Adobe Stock Photos
　　　Imagem de Capa: Adobe Stock Photos
　　　Impressão e Acabamento: Gráfica CS

Proibida a reprodução sem autorização expressa.
Todos os direitos desta edição reservados à
Editora Senac São Paulo
Rua 24 de Maio, 208 – 3º andar
Centro – CEP 01041-000
Caixa Postal 1120 – CEP 01032-970 – São Paulo – SP
Tel. (11) 2187-4450 – Fax (11) 2187-4486
E-mail: editora@sp.senac.br
Home page: https://www.editorasenacsp.com.br
© Editora Senac São Paulo, 2022

Sumário

Nota do editor — 7

Considerações iniciais — 13

Ilustração digital — 15

Equipamento — 29

Cores — 55

Tipos de imagens digitais — 63

Texturas — 79

Mixed media — 89

Ilustração digital e o mercado editorial — 103

Ilustração digital e o cinema — 111

Ilustração digital e a publicidade — 117

Considerações finais — 129

Referências — 131

Nota do editor

Nesta publicação, a ilustradora e professora doutora Carolina Vigna nos revela o universo da ilustração digital, nos trazendo o conceito, a historicidade, características peculiares, dicas para otimização de trabalhos e setores de atuação relacionados ao tema.

São mencionadas inúmeras referências de técnicas, livros, obras cinematográficas e profissionais renomados, assim como são listados problemas e soluções para escanear e tratar imagens e softwares que podem ajudar no desenvolvimento das ilustrações digitais. O processo criativo, a cor e os diferentes formatos das imagens também são objeto de estudo da autora, que conclui destacando as potencialidades do mercado editorial, da publicidade e do cinema para quem quer trabalhar na área.

Com este livro, o Senac São Paulo espera contribuir com todos os interessados em criar ilustrações digitais profissionalmente, fornecendo conteúdo didático para que possam aperfeiçoar suas habilidades.

para
Roberto Vigna
e
Maurício Verderame

Agradecimentos

Roberto Vigna, por tudo.

Roberto Lehmann, pelo apoio.

Maurício Verderame, pelo salto cognitivo.

Meus alunos, porque Paulo Freire estava certo.

Marcos Rizolli, pelo norte.

Heloisa Hernandez do Nascimento, pela leitura atenta e generosa.

Dolores Crisci Manzano, pelo profissionalismo.

Editora Senac São Paulo, pela parceria.

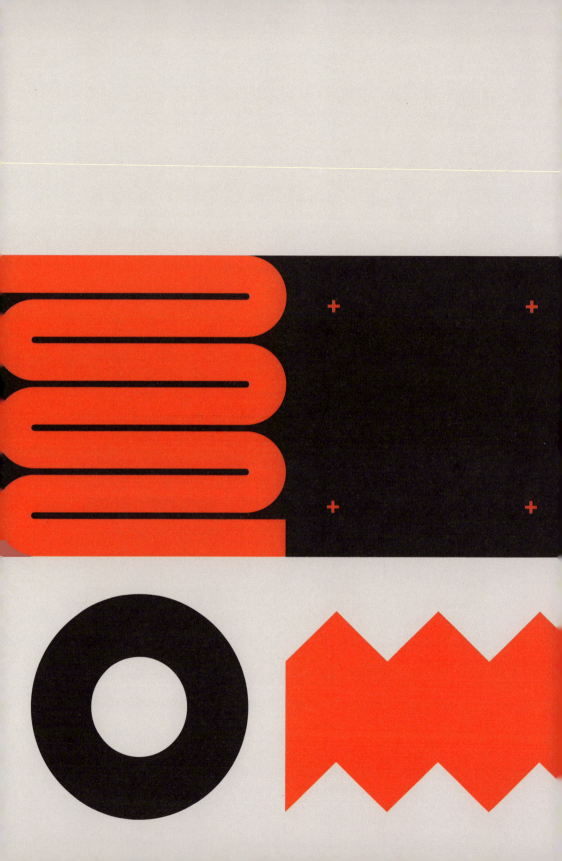

Considerações iniciais

Com texto escrito em primeira pessoa e em linguagem coloquial – que reflete, em grande parte, as aulas ministradas por mim, ilustradora e professora doutora Carolina Vigna, bem como o resultado de minhas pesquisas e experiências profissionais –, este livro se propõe a ser um guia ao ilustrador iniciante ou a quem deseja migrar profissionalmente para a ilustração digital.

Nesta obra, você encontrará algumas soluções possíveis para problemas comuns, mas saiba que existem outras possibilidades, já que, como tudo na vida, existem muitas formas de se conseguir o mesmo resultado. O desfecho ideal é sempre aquele que resolve o seu contratempo da melhor maneira, e isso você só saberá experimentando. Esta publicação, portanto, é também um convite para que você saia da zona de conforto e se aventure na ilustração digital.

Ilustração digital

O que é ilustração digital?

Muitos profissionais classificam a ilustração digital apenas como aquela feita inteiramente no computador, ou seja, sem a utilização de uma base escaneada, por exemplo. Neste livro, ampliaremos um pouco esse conceito, considerando as ilustrações mistas, que recebem interferências, adições, modificações ou edições digitais, independentemente do meio em que se originam, como ilustrações digitais. É possível encontrá-las nas mais diferentes esferas:

- » outdoors (muitas vezes trazem ilustrações vetorizadas, para que não percam qualidade na ampliação);
- » e-books (especialmente os interativos e os infantis);
- » animação (atualmente é muito comum que apresente algum nível de ilustração digital, mesmo que seja feita com técnicas tradicionais);
- » embalagens (frequentemente são feitas com ilustração vetorial para que a cor ou o tamanho possam ser facilmente modificados de acordo com a praça, o local onde serão comercializadas, por exemplo);
- » videogames (ok, essa foi um pouco óbvia, mas esse é um mercado gigantesco);
- » games para smartphones;
- » quadrinhos e narrativas gráficas;
- » mercado editorial tradicional (livros);

- » periódicos (jornais e revistas);
- » cinema e vídeo (na criação de storyboards e cenários e no character design).

História

Considerando-se a criação de arte, ilustrações e desenhos, a história da ilustração digital diz mais respeito à digitalização de imagens do que à ilustração propriamente dita. Nesse sentido, como essa história se inicia antes da computação, precisamos pensar em telefotografia, ou seja, imagens transmitidas por meio de telégrafos.

Scanners modernos são considerados os sucessores dos primeiros dispositivos de entrada de telefotografia e fax. Giovanni Caselli (1815-1891) desenvolveu um aparelho chamado pantelégrafo, um transmissor de caligrafia e desenhos pequenos (até 10 cm × 15 cm) que foi amplamente comercializado na década de 1860 e é apontado como pai do equipamento de fax. Em 1913, o fotógrafo Édouard Belin (1876-1963) produziu o belínografo, que usava linhas telefônicas comuns (e não mais as telegráficas) para propagar imagens. Foi muito utilizado por agências de notícias de 1920 até o início da década de 1990.

O que chamamos de *computação gráfica*, cujo sentido atual tem ligação com o cinema, nasceu com os filmes experimentais de John Whitney (1917-1995) – compositor, animador e inventor norte-americano, que hoje seria considerado artista multimídia – e seu irmão, James Whitney (1921-1982), nos anos 1940 e 1950. Para as produções, eles usaram Kerrison Predictors, computadores considerados antigos naquela época, já que eram adotados, primariamente, para a proteção do espaço aéreo. Os irmãos também realizaram animações para o cinema mainstream, e o sistema pioneiro de fotografia com controle de movimento que desenvolveram foi utilizado na sequência-título do filme *Um corpo que cai* (1958), de Alfred Hitchcock, (1899-1980) e no filme *2001: Uma odisseia no espaço* (1968), de Stanley Kubrick (1928-1999).

A primeira imagem digitalizada por um protótipo de scanner é de 1957. Já o 3D surgiu no início da década de 1960, no Instituto de Tecnologia de Massachusetts

(MIT), nos Estados Unidos. Os grandes avanços tecnológicos costumam acontecer em instituições como esta ou como o Instituto de Matemática Pura e Aplicada (Impa), que se dedicam primariamente à pesquisa.

Nas décadas seguintes, houve avanços significativos: em 1969, Allan Kaprow (1927-2006) criou o Hello, um happening em que um grupo de pessoas interagia por meio de televisores; em 1979, foi desenvolvido o modem; no início dos anos 1980, o termo *arte digital* foi utilizado pela primeira vez quando o artista Harold Cohen (1928-2016) usou o software de pintura Aaron, especialmente desenvolvido por ele; e em 1985, Andy Warhol (1928-1987) se tornou um representante Commodore, fabricante do computador Amiga 1000, no qual criou 28 experimentos digitais.

Muitas empresas, como a International Business Machines Corporation (IBM) e a Pixar, possuem centros de pesquisa, além de espaços para artistas, o que as torna, portanto, um bom plano de carreira se você se interessar por esses assuntos, mas se prepare para uma boa quantidade de pensamento abstrato.

A computação gráfica é muito abrangente. Como você pode ver a seguir, ela engloba:

» toda a ciência de visualização, criação, manipulação e edição em 3D;
» criação, manipulação e edição de imagens vetoriais;
» criação, manipulação e edição de imagens raster (bitmap);
» todos os aspectos envolvidos na digitalização de imagens;
» todos os aspectos envolvidos na digitalização de formas tridimensionais;
» de forma geral, qualquer elemento não textual que possa ser visualizado como uma imagem ou figura no formato eletrônico;
» a animação de todas essas possibilidades e suas aplicações.

Nós não abordaremos, aqui, a parte matemática da computação gráfica. É mais importante compreender a lógica da ilustração digital do que decorar o funcionamento de ferramentas específicas. Até porque estas mudam. Mas não se esqueça de que a ilustração digital faz parte desse universo; então, por exemplo, o algoritmo por trás da sombra projetada de um objeto 3D é o que sustenta o filtro de sombra do Photoshop e de muitos outros programas – normalmente, trata-se do algoritmo de ray tracing, também muito utilizado em videogames. Caso queira se aprofundar nesse assunto, recomendo todos os livros do Luiz Velho, professor e pesquisador do Impa.

A animação e a ilustração sequencial andam de mãos dadas e, mesmo sendo anteriores à computação gráfica e à ilustração digital, é importante que você tenha algumas referências. A seguir, destaco três décadas que influenciaram até hoje a forma como entendemos, criamos, produzimos e comercializamos animações (e, portanto, ilustrações).

ANOS 1930

O que entendemos hoje como indústria da animação, na verdade, começou no século anterior, com filmes animados mudos. Walt Disney (1901-1966) já trabalhava com animação antes de a Disney ser fundada, em 16 de outubro de 1923. Entretanto, como o filme mudo adota uma linguagem completamente diferente da que trabalhamos hoje, vamos considerar aqui apenas a partir da virada para a década de 1930, período em que começa a época de ouro (*golden age*) da animação. A grande mídia reconhece o famoso curta-metragem *O vapor Willie*, de 1928, como marco inicial dessa era. A série animada *Sound Car-Tunes*, de Max Fleischer (1883-1972) e Dave Fleischer (1894-1979), lançada entre maio de 1924 e setembro de 1927, já era sonorizada.

Em 1930 houve um enorme progresso na animação, com a introdução de cor. A primeira produção em Technicolor foi um trechinho animado no filme *O rei do jazz*, de abril de 1930. Logo depois, Ub Iwerks (1901-1971), em seu primeiro trabalho após deixar a Disney, lançou *Fiddlesticks*, o primeiro episódio do personagem Flip the Frog.

Entre 1929 e 1939, a Disney produziu a série *Silly symphony*, que consistia em 75 curtas animados, mas os primeiros ainda eram em preto e branco. E, no final de 1930, a Warner Bros. lançou o meu personagem de cartoon favorito, o Patolino, cujo nome original é Daffy Duck.

ANOS 1940

Essa década é, sem dúvida, mais lembrada pela criação dos personagens Tom e Jerry, pela dupla William Hanna (1910-2001) e Joseph Barbera (1911-2006), em 1940, e pelo lançamento, em 25 de novembro do mesmo ano, de Pica-Pau, ou, originalmente, Woody Woodpecker, por Walter Lantz (1899-1994), que foi também criador da série *Swing symphony*, composta por catorze curtas-metragens musicais que merecem ser lembrados. As animações desse período frequentemente contavam com músicos boogie-woogie e são, ainda hoje, deliciosas de assistir.

Em 19 de junho de 1943, os animadores Zack Schwartz (1913-2003), David Hilberman (1911-2007) e Stephen Bosustow (1911-1981) fundaram a United Productions of America (UPA).

ANOS 1950

A Paramount, a Warner Bros. e a Metro-Goldwyn-Mayer (MGM) já existiam antes de a Disney entrar no cenário e, logo depois, foi criada a Columbia Pictures. Fazer animação é um trabalho de equipe e, especialmente nessa época, bastante árduo; embora haja mais registros dos estúdios do que dos animadores individualmente, esse período produziu grandes obras da animação que são referência até hoje.

A seguir, destacamos algumas criações renomadas:

» No começo dos anos 1950, a Disney produziu *Cinderela*. É dessa década também *Alice no País das Maravilhas* (1951) e *Peter Pan* (1953).

» Pepe Le Gambá, originalmente, Pepé Le Pew, personagem da Warner Bros., foi lançado em 1945, mas se tornou realmente popular na década de 1950.

» A primeira aparição de Coiote, cujo nome original é Wile E. Coyote, foi em 17 de setembro de 1949, no curta *Fast and furry-ous*. De 1952 a 1963, ganhou a sua primeira série própria, já com o Papa-Léguas.

» As animações da UPA, pelo caráter mais experimental e pela linguagem livre, merecem um destaque à parte: *Gerald McBoing-Boing* foi lançado em 1950, e recebeu o Oscar de melhor curta animado no mesmo ano. Em 1959, para fechar a década com chave de ouro, a produtora lança *1001 Arabian nights* (com o Mr. Magoo).

Um fato fundamental que ocorreu nessa década foi a inauguração do primeiro parque temático Disneyland, no dia 17 de julho de 1955.

Atualmente, para os profissionais da área e a todos que se interessam pelo tema, é importante acompanhar o cenário dos festivais. Os principais são:

- » Anima Mundi (Brasil);
- » Annecy (França);
- » Avanca (Portugal);
- » Ottawa (Canadá).

E que fique claro que amar animação é sinônimo de ficar horas e horas no YouTube.

Imagens sequenciais

Quando pensamos em ilustrações sequenciais, a primeira coisa que vem à cabeça são as histórias em quadrinhos (HQs).

Todo professor dessa área vai te dizer que as HQs começaram na Coluna de Trajano, em Roma. Bem, com relação aos quadrinhos, é verdade. Já a narrativa sequencial existe desde a arte rupestre. Vamos, no entanto, direto ao que *entendemos* como HQs.

A história das HQs norte-americanas é dividida em eras. Apesar de frequentemente usarmos a cronologia dos Estados Unidos, nem sempre essa divisão fará sentido para o resto do mundo; de toda forma, ela dá uma boa ideia do quão rápido as HQs mudaram. A divisão norte-americana é a seguinte:

- » Victorian (1842-1897);
- » Platinum (1897-1938);
- » Golden (1938-1956);
- » Silver (1956-1970);
- » Bronze (1970-1986);
- » Modern (1986-presente).

As HQs começaram quase como um storyboard, com o texto adjacente à imagem, colocado em recordatórios e com a voz do narrador; diferentemente do balão, que tem a voz de um personagem, conforme os exemplos das figuras de 1 a 2.

Depois, o texto – ainda com uma quantidade bem maior do que estamos acostumados hoje – passou a ser integrado ao quadrinho, conforme as figuras de 3 a 5.

Figura 1. Em *Histoire de Monsieur Cryptogame*, escrita por Rodolphe Töpffer (1799-1846), em 1830, podemos ver como o texto era trabalhado em conjunto com a imagem.

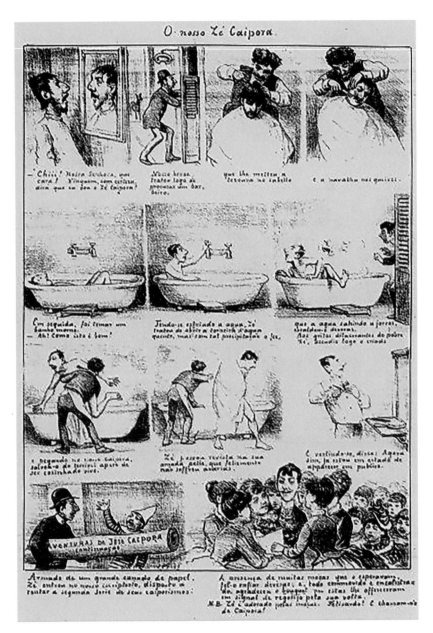

Figura 2. O texto adjacente à imagem foi também utilizado em *As aventuras de Zé Caipora*, considerada uma das primeiras HQs do Brasil, criada por Angelo Agostini (1843-1910), em 1883.

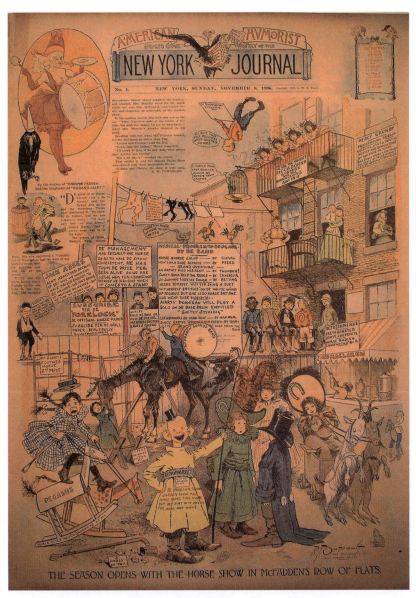

Figura 3. *The yellow kid*, de Richard Felton Outcault (1863-1928), publicada no The New York Journal, em 1896.

Figura 4. *Krazy kat*, de George Herriman (1880-1944), publicada em 1918.

Figura 5. *Rulah, jungle goddess*, história em quadrinhos publicada em 1949 e criada por Matt Baker (1921-1959).

Por volta dos anos 1920, inicialmente na Alemanha, surgiram (e se tornaram muito populares) – talvez um pouco em reação à quantidade de texto contida nos quadrinhos até então – as novelas gráficas completamente sem texto, conhecidas como narrativas mudas ou silent books, como se pode observar na figura 6. O termo também é utilizado para outras formas de publicação sem texto, mesmo que não sejam HQs. Depois desse período, o texto retorna, mas vai gradativamente diminuindo em quantidade.

Figura 6. *Die Passion eines Menschen*, de Frans Masereel (1889-1972), publicada em 1918.

Em termos de construção de imagens e de narrativa, nas HQs, precisamos estar atentos a quatro planos de significação:

- » ação/trama (ação principal);
- » ambientação (aberto, onde acontece a cena, costuma abrir ou fechar a cena);
- » emocional (o que estão pensando, o porquê da ação, frequentemente em close);
- » simbólico (metáfora).

Cada plano desses terá alguns pontos focais (ou um só, dependendo da história). Os planos principais podem ser pensados como se fossem parte de uma frase: quem fala; o que; para quem. Ou seja, podemos resumir em sujeito e predicado (verbo e objeto).

Na ambientação (enquadramentos abertos), em termos de plano focal (não confundir com o de significação que foi mencionado), um aspecto que é interessante nas HQs é o fato de normalmente o segundo plano ser o mais importante, não o primeiro. Temos uma tendência a desfocar a leitura do primeiro plano nesse formato específico.

Como a linguagem de quadrinhos é muito heterogênea, dinâmica, viva e mutante, essas regras foram feitas, portanto, para serem quebradas, mas, se você está em dúvida de como montar a sua HQ, elas são um bom parâmetro.

Temos a enorme vantagem de poder ouvir os grandes mestres em primeira mão, uma vez que a indústria das HQs – considerando como a entendemos hoje – é bem recente e muitos ainda estão vivos. Imagine como seria bom ter um TED do Rembrandt contando sobre o seu processo criativo. Em quadrinhos, felizmente, isso é possível; recomendo a você que comece por Scott McCloud (1960-) e Bob Mankoff (1944-). Entre os que não estão mais vivos, a pesquisa sobre Stan Lee (1922-2018) é de fundamental importância.

O mercado consumidor de HQs é ávido por novidades e muito conectado. Use, portanto, todas as ferramentas disponíveis na internet para divulgar o seu trabalho!

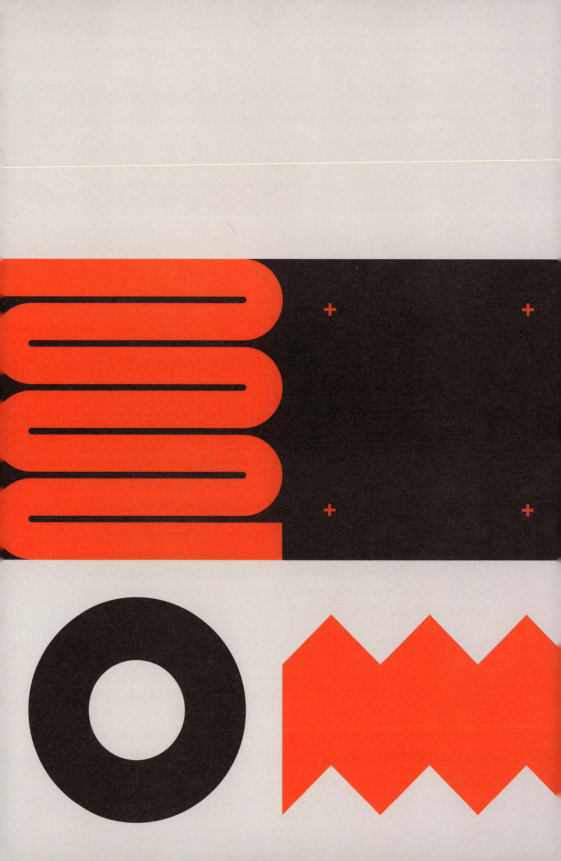

Equipamento

Hoje é possível trabalhar com softwares essencialmente utilizando computadores ou celulares. Para os nossos propósitos aqui, vamos descartar os smartphones, porque, embora possuam ótimas ferramentas e aplicativos gráficos, não têm boa resolução nem permitem uma boa visualização do processo criativo, por causa do tamanho da tela.

O que me leva à questão da tela: quanto maior, melhor. Obviamente, estou falando aqui sobre a nossa profissão, pois uma tela grande nos possibilita um maior controle e uma melhor visibilidade de detalhes. Isso talvez não seja verdadeiro para um roteirista, por exemplo.

Trabalhar com mais de um monitor é uma ótima dica, em razão da praticidade e da economia de tempo para poder deixar referências, textos, navegadores, ou o que mais você quiser manter aberto enquanto utiliza outra tela. Dessa forma, a principal fica só com o trabalho em andamento, aumentando muito sua produtividade; acredite. A configuração mais comum é usar a tela do notebook como auxiliar e a expandida (um monitor separado, maior), como a de trabalho. Obviamente não é a única configuração possível; busque aquela que te atenda melhor, tanto em termos de uso, quanto em termos de espaço disponível na mesa e no bolso.

Quanto ao computador Mac ou PC, vai do gosto do freguês. Existem prós e contras em qualquer escolha; eu uso PC no ateliê, mas essa é uma decisão absolutamente pessoal. Considerando placas de vídeo iguais e unidades de disco rígido (HDs) solid-state drive (unidade de estado sólido – SSD), praticamente não tem mais diferença em termos de velocidade de processamento. Os principais softwares que utilizamos são do pacote Adobe, que possui versões para ambas as plataformas. Então, escolha a que quiser e vá em frente. Certifique-se, entretanto, de ter um HD rápido (SSD) e a melhor placa de vídeo que você puder comprar, pois esses dois componentes fazem muita diferença.

Scanners domésticos também se equiparam em termos de qualidade desde que sejam de mesa (flatbed), e não aqueles que vêm com a impressora. Tem uma piada antiga (e meio ruim, desculpe) que diz que esses equipamentos são como um pato: voam, nadam e andam, mas não fazem nenhuma dessas coisas muito bem. Esses dispositivos scanner + impressora + cafezinho normalmente são ótimos para uma coisa e quebram o galho com as outras. Essa é uma tecnologia que evoluiu bastante em termos de captação de imagem e velocidade nos últimos cinco anos, então, se você tiver um scanner mais antigo que isso, talvez seja a hora de trocá-lo.

Existem ainda os scanners sheet-fed (que puxam automaticamente a folha a ser escaneada) e de mão (como leitores de códigos de barras, por exemplo), que são ótimos para escritórios e comércios, mas não para quem trabalha com arte.

Agora a questão que todo ilustrador enfrenta: é possível desenhar só com o mouse? Sim, é. Especialmente ilustração vetorial ou a partir de um scan tradicional. A ilustração bitmap criada diretamente no computador é mais difícil sem uma tablet,[1] mas é possível; dependendo do que você gosta de fazer, dá para sobreviver sem ela. Por outro lado, a tablet permite níveis de pressão: a canetinha entende que, se você pressionar, por exemplo, mais forte o pincel, ela deve criar um traço mais espesso. A experiência de desenhar com essa ferramenta é realmente algo que vale a pena para quem quer ingressar nessa profissão. Veja bem: dá para sobreviver sem, mas é melhor viver com.

A escolha da tablet é um pouco mais delicada: primeiro, embora existam modelos mais baratos com fio, eles não compensam; escolha um, portanto, cuja canetinha não o tenha ou você vai acabar jogando dinheiro fora porque vai querer comprar uma outra, sem fio; segundo, opte por uma com o máximo possível de níveis de pressão (escritos na caixa); e, terceiro e último,

---

[1] Não confundir a tablet, que vem de mesa digitalizadora e, portanto, é feminino, com o tablet, que vem de dispositivo móvel e, portanto, é masculino.

uma com várias funções na própria canetinha. No começo você usa praticamente só a ação de desenhar mesmo, mas como, com o tempo, vai querer fazer tudo sem tirar a mão da caneta, é mais proveitoso ter outras funções nos botõezinhos dela. Eu uso uma Wacom, pois, na época em que comprei, era a melhor, mas isso muda muito; pesquise a que melhor te atenda.

Atualmente, existem soluções para desenhar com o dedo em uma touchscreen, mas é bem provável que você vá sentir falta da precisão da ponta da caneta.

Usar uma tablet é sempre melhor com um software que esteja à altura; o Photoshop, obviamente, é o líder do mercado, mas existem outros. Recomendo especialmente o Artweaver (é só baixar gratuitamente), que é um dos melhores para pintura, na minha opinião, pois entende os brushes do Photoshop e exporta/importa arquivos em formato PSD.

Vou listar aqui algumas opções gratuitas e pagas além do Photoshop, considerando a versatilidade e a utilidade da ferramenta:

- » Artweaver (a versão gratuita dá conta do recado perfeitamente);
- » CinePaint (gratuito, mas disponível apenas para Linux e Mac);
- » Corel Painter (pago);
- » Gimp (gratuito);
- » Krita (gratuito);
- » LiveBrush (gratuito);
- » Pixia (gratuito);
- » Pixlr (gratuito, on-line).

Depois de testar e usar todos eles, eu utilizo o Photoshop e o Artweaver apenas, mas dê uma olhada no que existe por aí porque o melhor software é aquele de que a gente gosta, não aquele que alguém nos recomenda.

Todos esses softwares trabalham tanto com ilustrações criadas diretamente neles quanto com imagens digitalizadas. Você pode usar uma imagem digitalizada como a ilustração em si, apenas aprimorando e editando detalhes no software, para utilizá-la como base ou referência a outra. Pode, ainda, criar composições, efeitos e uma infinidade de alterações.

No ateliê, eu sou oito ou oitenta: ou uso uma imagem como base para uma vetorização e uma transformação total, ou apenas edito detalhes e a mantenho quase como foi feita no papel mesmo. Isso, naturalmente, é uma escolha do artista, já que o grau de modificação realizado em uma imagem digitalizada depende do estilo pessoal, do uso da imagem, da relação com o texto que a acompanhará, etc.

Scan: quando e como digitalizar uma ilustração

Antes de falarmos sobre as características da digitalização, é importantíssimo ressaltar que aquilo que o seu celular chama de scan não o é: trata-se só de um jeito comercial de o aplicativo te fazer entender que ele junta várias fotografias digitais em um mesmo documento, mas não tem qualidade para trabalhos artísticos, mesmo que pareça assim na tela do celular.

De forma geral, não use o celular para produções de ilustração (por enquanto). Assim como não imaginávamos a potencialidade de um celular apenas algumas décadas atrás, certamente ele atingirá a qualidade necessária para trabalhos profissionais de ilustração, mas, infelizmente, não estamos nesse patamar ainda.

Ninguém mais leva uma pastinha para o cliente (editora, agência, etc.) a fim de apresentar ilustrações; isso morreu na década de 1980. Você vai precisar, portanto, digitalizar o seu trabalho, mesmo que suas criações sejam feitas 100% com técnicas tradicionais. Não tem escapatória.

É importante que use sempre os arquivos JPG com máxima qualidade ou em TIFF (preferencialmente, TIFF). O popular formato PNG não tem resolução suficiente e é usado apenas para internet. Não existe mágica: se o arquivo é muito pequeno (em Kilobytes), tem baixa qualidade, uma vez que a compressão e o formato do arquivo ficam mais leves justamente por abrirem mão de informações; portanto, mesmo que o seu olho não perceba, algo se perdeu. Opte também pela maior resolução possível para evitar a interpolação depois.

E sempre que eu me refiro a original, estou falando da ilustração ainda em papel, antes da digitalização. Utilizo essa nomenclatura apenas para facilitar o nosso entendimento, mas uma ilustração digital também é original, ok?

É necessário fazer algumas subdivisões de acordo com o tipo de ilustração e com o seu objetivo de uso, conforme os tópicos seguintes.

ORIGINAL A LÁPIS → BITMAP

Mesmo que você faça ajustes na imagem, precisa considerar a imagem-base/original como o mais próximo possível, em termos de qualidade de arquivo, do que você precisa no final. O grande problema do original a lápis é que ele tende a perder nuances na digitalização – se feita em preto e branco ou tons de cinza, perde-se muita informação. O primeiro passo, nesse caso, é digitalizar em qualidade fotográfica, colorido, mesmo que o arquivo esteja em preto e branco. Esse processo vai garantir uma quantidade de informação digitalizada pelo menos três vezes maior, e isso dará material para o software trabalhar depois, podendo dessaturar a imagem a fim de transformar algumas informações que vieram para o arquivo, como cores de volta em tons de cinza. Digitalize em, no mínimo, 300 DPIs – eu normalmente uso 600 DPIs e depois reduzo a resolução no Photoshop.

ORIGINAL A LÁPIS → VETOR

Tudo o que foi dito anteriormente sobre a questão do lápis continua válido, mas, como você vai vetorizar a imagem depois, aumente um pouco o contraste da digitalização. Você pode deixar em 150 DPIs se quiser, mas não perderá nada em garantir uma boa vetorização com 300 DPIs.

ORIGINAL EM AQUARELA (OU OUTRAS TINTAS TRANSLÚCIDAS) → BITMAP

Aquarela é um problemão para digitalizar. Se você a utiliza, aconselho a compra de um software de digitalização profissional voltado para arte, pois os que costumam acompanhar o equipamento não conseguem processar as sutilezas dessa técnica. Digitalize em, no mínimo, 300 DPIs. Sempre utilizo o Vuescan para digitalizar aquarela, mas você pode configurar o seu Photoshop para a tarefa. Eu deixo com 600 DPIs e, depois de finalizada a ilustração, mudo para 300 DPIs, para entregar ao cliente (mantendo o meu arquivo em 600 DPIs). Os profissionais de gráfica vão te dizer que 600 DPIs é exagero e, de fato, é um pouco, mas é sempre mais seguro diminuir do que aumentar a resolução depois.

ORIGINAL EM AQUARELA (OU OUTRAS TINTAS TRANSLÚCIDAS) → VETOR

Depois de realizar o processo de digitalização voltado para impressão (conforme mencionado), diminua o espectro dos níveis da imagem no Photoshop antes de ir para a vetorização, tornando-a mais eficiente. Dependendo do efeito que você deseja, vale a pena experimentar o filtro de posterização antes de iniciar a vetorização.

ORIGINAL EM NANQUIM OU CANETINHA NANQUIM → BITMAP

Se em seu trabalho em nanquim você utilizar aguadas e nuances em cinza, adote a técnica de aquarela. Estou considerando aqui o nanquim sem diluição, totalmente preto, que é a técnica mais fácil de digitalizar e a que produz melhores resultados rapidamente. Mesmo nesse caso, não recomendo utilizar a opção preto e branco, mas você pode usar a de tons de cinza, se preferir. No Photoshop, a ferramenta de ajuste de níveis, mencionada anteriormente, é bem útil para limpar o papel, deixando o traço do nanquim sem interferências. Nesse cenário, o scanner tem pouca influência e não tem muito como atrapalhar o processo, se for digitalizado em no mínimo 300 DPIs, necessitando apenas de ajustes mínimos no software de edição de imagens.

ORIGINAL EM NANQUIM OU CANETINHA NANQUIM → VETOR

Considere as características da digitalização de nanquim para bitmap, mas é possível usar 150 DPIs, se preferir. Nesse caso, posterizar a imagem costuma garantir ótimos resultados.

ORIGINAL EM TINTAS FOSCAS (ÓLEO, CANETA POSCA, ETC.) → BITMAP

Tintas foscas são mais fáceis de digitalizar do que as translúcidas, mas não são desprovidas de delicadezas. A tinta acrílica às vezes contrasta mal na digitalização, com uma tendência a aumentar muito a saturação das cores. Isso acontece pela própria natureza dela, que, por ser completamente sintética e à base de petróleo, tende a ser mais reflexiva, fazendo o scanner reconhecer mais luz do que de fato existe. Mas isso é relativamente fácil de corrigir com as curvas no Photoshop; não se desespere. A tinta a óleo raramente apresenta esse tipo de problema, mas, se ocorrer, faça como se fosse a acrílica, e pronto. Digitalize em, no mínimo, 300 DPIs (eu sempre uso 600 DPIs).

ORIGINAL EM TINTAS FOSCAS (ACRÍLICO, ÓLEO, CANETA POSCA, ETC.) → VETOR

Nesse cenário, o que é um problema para o bitmap é uma vantagem para o vetor. A vetorização naturalmente aumenta o contraste das cores e a diferença entre as formas. Se precisar de algum ajuste de cores, deixe para fazer já no vetor. Digitalize em 300 DPIs.

ORIGINAL FOTOGRÁFICO OU COLAGEM COM QUALIDADE FOTOGRÁFICA → BITMAP

Como nossa mente tem a referência do fotográfico, ou seja, do mundo à nossa volta, percebemos com mais rapidez e precisão qualquer problema na digitalização de uma fotografia, aceitamos com mais facilidade uma alteração em um desenho de um rosto do que em uma fotografia dele, por exemplo. Isso acontece porque sabemos como deveria ser um rosto, mas não como deveria ser o desenho desse mesmo rosto. A maioria dos softwares tem a opção de digitalização de fotografia, que costuma ser a indicada e a melhor a ser usada para os demais casos também. Digitalize em, no mínimo, 300 DPIs.

ORIGINAL FOTOGRÁFICO OU COLAGEM COM QUALIDADE FOTOGRÁFICA → VETOR

Vetorizar fotografia, apesar de muito comum, é um trabalho mais voltado à edição do que à digitalização. A recomendação é proceder como no uso para bitmap (mencionado anteriormente), alterar os níveis no Photoshop e posterizar, para facilitar a vetorização.

Aqui falamos dos casos mais comuns de digitalização de imagens, mas não tenha medo de experimentar. Lembre-se de que o seu original continua com você e o pior que pode acontecer é ter de digitalizá-lo novamente.

Outros tipos de digitalizações

Você já parou para pensar sobre como analisar uma imagem científica? Como ler, por exemplo, a imagem de uma ressonância magnética (figura 1)?

Existe um campo bastante amplo da ilustração digital que é a ilustração científica, e grande parte do trabalho nessa área precisa de referências como as encontradas em exames de imagens. Apesar de raramente o ilustrador acompanhar essa forma de digitalização, é interessante conhecer o que existe.

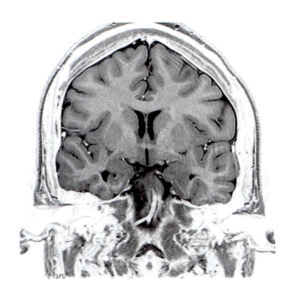

Figura 1. Imagem de ressonância magnética.

A leitura desse tipo de imagem necessita de uma quantidade de informação altíssima e de sua decodificação. Por esse motivo, tanto os leitores quanto os geradores de imagens técnicas e científicas são diferentes dos que usamos no campo das artes, já que o propósito é outro.

Como a ilustração científica também é uma ilustração, esse é um assunto que nos diz respeito também, além de termos alguns problemas em comum. Se digitalizarmos, por exemplo, um original maior do que A4 em um scanner doméstico, teremos de costurar os pedaços escaneados. O mesmo problema enfrentam os setores de mapeamento e de geologia, já que imagens geradas por drones, por exemplo, precisam ser unidas em uma única imagem, fotografia ou mapa. Todas as fotografias fornecidas pela Administração Nacional do Espaço e da Aeronáutica (Nasa) são construídas dessa forma (preste atenção, entretanto, porque ela fornece também muitas ilustrações que parecem foto, mas são feitas de outra maneira). A proporção é bem diferente, mas o problema é, essencialmente, o mesmo.

Costuramos as imagens com image stitching, um processo que está bem automatizado, a ponto de termos o modo panorâmico de fotografia no celular, que nada mais é do que vários retratos costurados lado a lado. Repare como o aparelho até mostra o quadro da foto que está tirando durante a panorâmica. Estas são algumas ferramentas para a automação do processo de stitching:

- » ArcSoft Panorama Maker (360);
- » AutoPano Pro (trabalha bem com a câmera GoPro);
- » AutoStitch;
- » GigaPan Stitch;
- » Hugin;
- » Image Composite Editor (ICE);
- » Panorama Stitcher;
- » Panoweaver 10;
- » PhotoStitcher;
- » PTGui.

Grande parte da tecnologia usada hoje para processamento, visualização e recepção de imagens científicas foi desenvolvida pelo MIT, da década de 1960 em diante. Isso inclui não apenas as imagens médicas e astronômicas, mas também o reconhecimento óptico de caracteres (OCR), imagens por telégrafos, smartphones, etc. Alguns dos softwares mais utilizados nessas áreas são o ImageJ (gratuito) e o Imaris (comercial).

Consideramos a utilização de lentes para observação astronômica a partir de Johannes Kepler (1571-1630), mas a invenção em si dos aparelhos telescópicos e similares tem a sua autoria disputada por vários cientistas, entre eles Hans Lippershey (1570-1619) e Galileu Galilei (1564-1642). Além disso, é muito provável que outras culturas, como os maias e os astecas, tenham desenvolvido algum tipo de lente para astronomia bem antes disso.

A relação entre lentes e arte é antiga. Simon Schama (1945-) demonstrou lindamente o uso dessa tecnologia com a câmera escura por muitos artistas renomados em sua série de documentários *Power of art* (2006), que recomendo fortemente a você.

O tipo de tecnologia que permite que tenhamos a pincelada de um Seurat em um software como o Artweaver é, *grosso modo*, o mesmo que reconhece uma pincelada daquele ou de van Gogh. Trata-se de inteligência artificial, de deep neural network learning – ou seja, de aprendizado de máquina.

Tratamento de imagens

Tratamento é diferente de edição! Enquanto esta altera o conteúdo da imagem, o tratamento melhora, modifica ou corrige características dela, tais como luz, contraste, exposição, etc.

Tratamento de imagens é uma área complexa e um campo de trabalho amplo. Neste tópico, falaremos de problemas e de soluções mais comuns. É importante ressaltar, entretanto, que jamais haverá uma única saída possível. Os softwares evoluem muito rapidamente e é importante se manter informado, mas nem sempre a solução mais inovadora é a mais indicada. O melhor método geralmente é aquele que você prefere, pois o procedimento com o qual você já está acostumado será mais rápido e eficaz do que os outros; experimente! Estamos no universo digital, e felizmente a vida já nos deu Warren Teitelman (1941-2013), o inventor do *undo*.

Além de experimentar, vale lembrar que existe um mundo além do Photoshop, como essas opções para tratamento de imagens:

- » Darktable;
- » Gimp;
- » inPixio;
- » Lightroom (Adobe);
- » Luminar;
- » Photo Pos Pro;
- » Photopea;
- » Photoscape;
- » Pixelmator Pro;
- » Pixlr X;
- » Polarr;
- » RawTherapee.

É importante ressaltar que, aqui, nosso foco é ilustração digital e, portanto, não entraremos em questões éticas sobre fakenews, deepfake e manipulação de imagens.

Se você se interessar em fazer tratamento de imagens profissionalmente, uma dica é calibrar bem o seu monitor.

E, antes de prosseguirmos, é bom lembrar que o tratamento de imagens muitas vezes salva uma publicação inteira, mas não faz mágica. Se o seu original é ruim, por melhor que sejam as suas habilidades na edição e no tratamento de imagens, você continuará com um original ruim em mãos. Às vezes, vale a pena simplesmente mudar a imagem.

Agora, vejamos quais são os principais problemas que podemos enfrentar no tratamento de imagens. Vamos lá!

PROBLEMA: IMAGEM EM BAIXA RESOLUÇÃO

SOLUÇÃO: digitalizar novamente é o melhor caminho, mas nem sempre isso é possível. Uma boa alternativa é vetorizar a imagem e transformá-la em uma ilustração vetorial. Se essa também não for uma opção, tente uma interpolação para melhorar a qualidade, mas saiba que há um limite até onde é possível ir sem desfigurar completamente a sua imagem e, normalmente, esse limite é baixo. Por esse motivo dedicamos um tópico inteirinho à digitalização. Para aumentar a resolução via interpolação, uma boa opção pode ser tentar os aplicativos Let's Enhance ou FotoJet, os quais costumam trazer resultados melhores do que simplesmente mudar o tamanho da imagem no Photoshop. Ambos são gratuitos.

PROBLEMA: TONS MÉDIOS E SOMBRAS EM QUANTIDADE OU PROPORÇÃO ERRADA

SOLUÇÃO: você vai precisar alterar os níveis (*Levels*) da imagem. Nós vimos isso anteriormente, mas essa é uma ferramenta muito poderosa para não entrarmos em detalhes. Apresento a vocês a minha cachorra, Fiona, nas figuras de 2 a 9. Repare como a primeira foto tem poucos detalhes. No final, optei ainda por aplicar um filtro de nitidez; é comum que um problema na imagem seja resolvido por um conjunto de ações.

Figura 2. Abrindo a foto original no Photoshop.

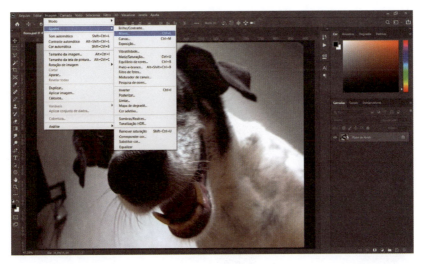

Figura 3. No menu, em *Imagem*, cliquei em *Ajustes* e selecionei a opção *Níveis*.

Figura 4. Equilibrando os níveis da imagem.

Figura 5. Verificando as predefinições disponíveis.

Figura 6. Normalmente, conseguimos melhores resultados manipulando os níveis caso a caso (deixe sempre o *Visualizar* acionado).

Figura 7. No menu, cliquei em *Filtro*, selecionei *Tornar nítido* e, depois, *Máscara de nitidez*.

Figura 8. Aplicando o filtro de nitidez.

Na figura 9, apresento a comparação entre as imagens, sem e com tratamento, respectivamente:

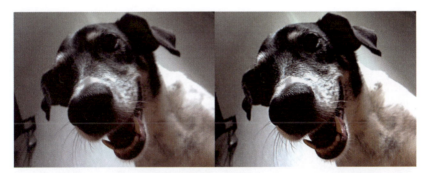

Figura 9. Foto sem tratamento (esquerda) × foto com tratamento (direita).

PROBLEMA: FOTOGRAFIA ANTIGA, COM CORES DESBOTADAS

SOLUÇÃO: normalmente eu começo usando a ferramenta tom automático, do Photoshop, para então fazer pequenos ajustes manualmente, utilizando *Curvas* e o *Matiz/saturação*, mas experimente as ferramentas disponíveis para encontrar a combinação que você prefere. Nas figuras de 10 a 18, sou eu, completando 4 anos de idade.

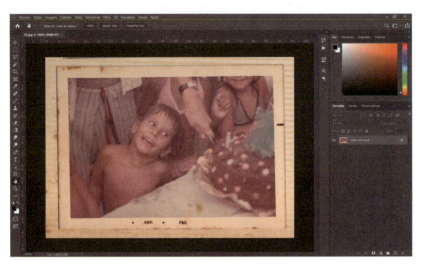

Figura 10. Scan original da foto, aberto do Photoshop.

Figura 11. Foto recortada.

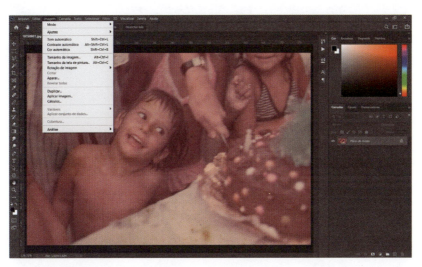

Figura 12. No menu, clicando em *Imagem*, selecionei a ferramenta *Tom automático*.

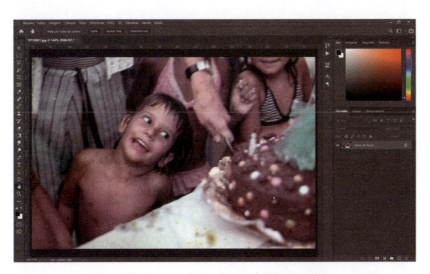

Figura 13. Imagem após a aplicação do *Tom automático*.

Figura 14. Modificando as curvas da imagem, para ajustes mais sutis.

Figura 15. O zoom na imagem mostra as manchas.

Figura 16. O Photoshop tem uma ferramenta específica para essa finalidade na barra de tarefas, é uma que se parece com um curativo.

Figura 17. Usando apenas a ferramenta de remoção de manchas, já é possível conseguir um bom resultado.

Figura 18. Foto sem tratamento (esquerda) × foto com tratamento (direita).

PROBLEMA: POUCA NITIDEZ

SOLUÇÃO: esse é um problema muito comum, especialmente quando digitalizamos trabalhos feitos a lápis. As figuras de 19 a 25 são um desenho que eu fiz usando um lápis 4B. Como é um sketch rápido e esse lápis está longe de ser o mais indicado, o melhor caminho para melhorar a qualidade da imagem é adotar um conjunto de ações.

Figura 19. Desenho original, sem tratamento.

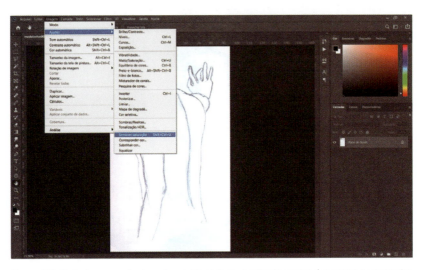

Figura 20. Abrindo o scan do desenho no Photoshop, o primeiro passo é remover a saturação, transformando o desenho em tons de cinza, mas sem perder quantidade de informação.

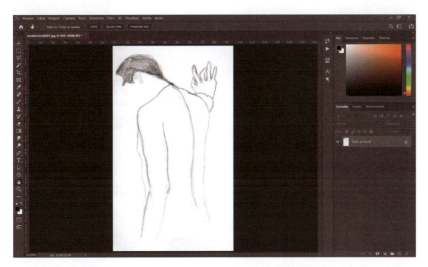

Figura 21. Imagem em tons de cinza.

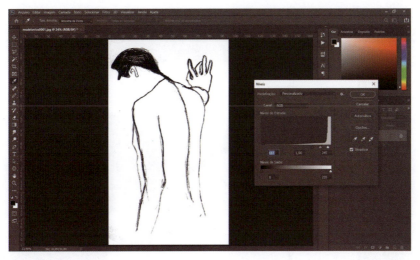

Figura 22. Manipulando os níveis da imagem.

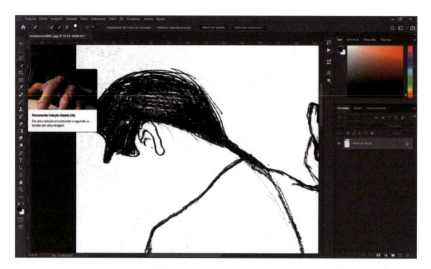

Figura 23. Veja que existe um ruído no fundo.

Para conseguir o fundo limpo, existem vários caminhos possíveis. Escolhi usar os níveis novamente, para não ter um corte muito rígido: usando a ferramenta *Seleção rápida*, deixei apenas o fundo selecionado, para que a ação não altere o traço.

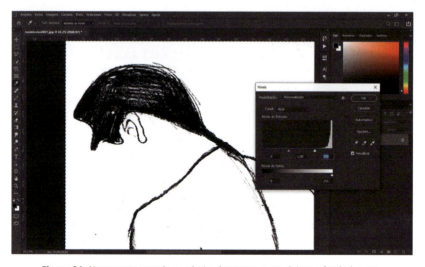

Figura 24. Novamente usando os níveis; dessa vez, para deixar o fundo branco.

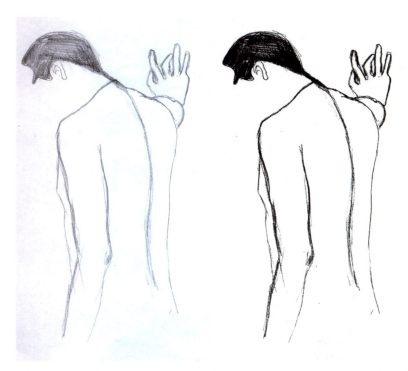

Figura 25. Desenho original sem tratamento (esquerda) × desenho com tratamento (direita).

PROBLEMA: DESEQUILÍBRIO DE CORES / INVASÃO DE DETERMINADA COR (MUITO COMUM EM FOTOS ANTIGAS)

SOLUÇÃO: a melhor ferramenta é a *Equilíbrio de cores*. Nas figuras de 26 a 29, há uma clara invasão de magenta/vermelho na imagem. Essa é uma digitalização de um slide diapositivo – muito comum quando eu era criança (sim, eu também já usei faixa no cabelo) –, que não foi feita em um scanner apropriado. Existem digitalizadores específicos para diapositivos, que geram imagens de altíssima qualidade e sem o problema da imagem que analisaremos. Se você for digitalizar esse tipo de material, procure um equipamento mais indicado do que o scanner doméstico comum. Outra possibilidade de solução muito comum é a utilização de curvas.

Figura 26. Foto original.

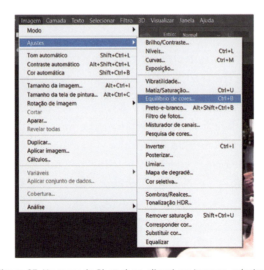

Figura 27. No menu do Photoshop, cliquei em *Imagem*, selecionei *Ajustes* e, depois, *Equilíbrio de cores*, para iniciar a edição.

Figura 28. Alterei os valores médios, especialmente a quantidade de magenta/vermelho.

Figura 29. Foto sem tratamento (esquerda) × foto com tratamento (direita). Rápido e fácil, né?

Neste capítulo, falei apenas de tratamentos simples para a melhoria de imagens. Esse é um universo complexo, mas considerei que deveria enfatizar os problemas mais comuns quando lidamos com ilustrações.

Cores

As cores influenciam a nossa percepção. Aristóteles (384 a.C.-322 a.C.) foi o precursor do estudo da teoria das cores, mas havia tantas limitações quanto ao que se sabia na época que, para efeitos práticos, podemos considerar os estudos feitos a partir de Leonardo da Vinci (1452-1519) ou de Isaac Newton (1643-1727). Essa é uma questão que fascina os pensadores há tanto tempo que até o escritor alemão Johann Wolfgang von Goethe (1749-1832) escreveu a respeito, conforme a figura 1!

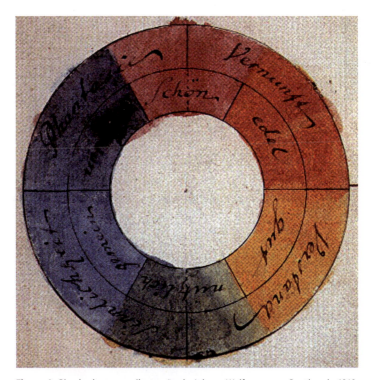

Figura 1. Círculo das cores, ilustração de Johann Wolfgang von Goethe, de 1810.

Há uma série de sistemas de cor disponíveis no mercado. Eu uso em CSS (cascading style sheets ou folha de estilo em cascata) uma tabela de cores para internet organizada por nomes, e não por valores hexadecimais, porque me parece muito mais fácil lembrar *darkred* do que *#8B0000* como um tom de vermelho escuro. Entretanto, na verdade, isso é só uma *máscara* para o código hexadecimal; é como um apelido para facilitar sua leitura.

Por uma questão prática, vou me dedicar aos sistemas que mais utilizamos no dia a dia: o CMYK, o RGB, o hexadecimal e o Pantone.

CMYK

CMYK é a sigla para cyan, magenta, yellow e black. Trata-se do principal sistema de cores em impressão; utiliza ciano, magenta, amarelo e preto como cores primárias.

Na verdade, o *k* é de *key*, porque o preto é uma cor-chave para definir esse processo (não tem preto no RGB, repare). Usamos o *black* só como um recurso didático mnemônico.

De alguma maneira, toda criança já experimentou a escala CMYK. Quando, na escola, a professora nos orientava a misturar o azul e o amarelo para conseguir o verde, guardadas as devidas proporções, era uma experiência com CMYK. Por esse motivo, talvez essa seja a escala de cores mais intuitiva: nós *sabemos* o que acontece.

RGB

RGB é a sigla para red, green e blue. Ou seja, é um sistema de cores que utiliza vermelho, verde e azul como cores primárias. Esse é o principal sistema utilizado em dispositivos eletrônicos (televisão, celular, computador, etc.).

RGBA é o RGB com o canal alpha, o qual indica a opacidade das cores e, por consequência e complementariedade, a sua transparência. O RGBA, portanto, é um sistema de cores que, além da mistura das cores primárias, tem em si a informação de como aquela cor se combina com outra em uma camada inferior.

O RGB é usado em qualquer coisa que emita luz: RGB é cor-luz; CMYK, pigmento (tinta). Se você quiser ensinar modelos de cores para uma criança, forneça a ela tinta para aprender CMYK e, para assimilar RGB, pegue três lanternas, cubra-as com papel celofane colorido e deixe-a brincar; crianças aprendem melhor quando os adultos não atrapalham.

Hexadecimal

É um sistema baseado em RGB, formado por valores na base matemática hexadecimal (dezesseis), em ordem. Existem sempre seis valores: os dois primeiros são relativos ao vermelho; os do meio, ao verde; e os últimos, ao azul. Então, dessa forma, por exemplo, #000000 é preto, pois tem os três valores ausentes (zero). Esse é o principal sistema utilizado na internet, já que é considerado *seguro*, ou seja, é reproduzido da mesma forma em qualquer plataforma.

O uso de bases diferentes da decimal, com a qual estamos mais acostumados, não é tão incomum assim. *Alice no País das Maravilhas*, de Lewis Carroll (1832-1898), brinca com bases matemáticas diferentes. No capítulo "A lagoa de lágrimas", a menina conta: "Deixe-me ver: quatro vezes cinco é doze, e quatro vezes seis é treze, e quatro vezes sete é... ai, ai! Deste jeito nunca vou chegar a vinte!". Ela está usando bases diferentes: 4 × 5 = 12 em base 18; 4 × 6 = 13 (base 21), etc. Cabe lembrar que Charles Lutwidge Dodgson, mais conhecido como Lewis Carroll, era, entre outras coisas, matemático.

Para saber mais sobre o tema, leia a matéria "Através de muitos espelhos", publicada no jornal *Rascunho*, em 2015. Disponível em: https://rascunho.com.br/ensaios-e-resenhas/atraves-de-muitos-espelhos/.

Felizmente a gente não precisa decorar outra tabuada, pois a internet nos salva com as tabelas de cores prontas:

- » RGB Color Codes Chart;
- » HTML Color Codes;
- » HTML Color Picker;
- » Color Hex Color Codes.

O Google Imagens tem bons resultados. Pode valer a pena escolher uma tabela de cores com a qual você tenha maior facilidade em se basear e salvá-la no seu computador, conforme a figura 2, além de, claro, o próprio Photoshop fornecer essa informação (figura 3).

Figura 2. Cores hexadecimais.

Figura 3. Hexadecimal no Photoshop.

A internet aceita, mesmo em folhas de estilo CSS, os valores RGB diretamente, bastando para isso utilizar a forma "RGB(valor,valor,valor)", em que cada valor vai de 0 a 255. Nessa notação, o preto ficaria, por exemplo: "RGB(0,0,0)".

Pantone

A escala Pantone é a escala comercial de uma empresa chamada Pantone. É utilizada em impressos e tem como enorme vantagem se referir a uma tinta pronta (comprada diretamente da Pantone), que não varia de acordo com a mistura em máquina (na gráfica). Em vez de a cor ser formada pela mistura dos valores de ciano, magenta, amarelo e preto, ela já vem pronta. Quando você tem uma grande área de impressão em determinada cor, vale a pena usar a escala Pantone, de forma a garantir a reprodução exata dela por não ser necessário misturar as quatro cores para conseguir o seu tom. Outra necessidade atendida pela Pantone, e uma de suas grandes vantagens, é quando você quer um tom impossível de ser obtido no CMYK. Experimente converter um ciano bem vivo para CMYK no Photoshop e veja o que acontece (figuras de 4 a 6).

Figura 4. Abrindo uma imagem em RGB no Photoshop.

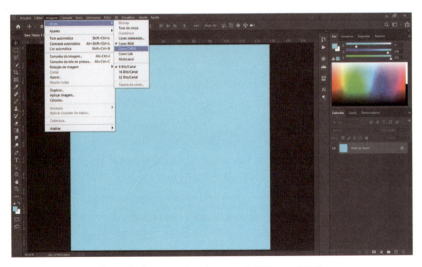

Figura 5. Convertendo a imagem de RGB para CMYK.

Figura 6. Imagem em CMYK.

Esse é um bom exemplo de tom que necessita entrar com Pantone na hora da impressão.

Apesar de a escala Pantone ser importantíssima em identidade visual, no design e na publicidade, é raro criarmos uma ilustração digital já pensando em utilizá-la; normalmente ficamos entre o RGB e o CMYK.

Para cada necessidade, um sistema diferente. É mais ou menos como uma roupa. Você até pode gostar muito daquela calça jeans, mas talvez não seja a melhor escolha para ir à praia. Para cada ocasião, uma roupa; para cada utilização, uma escala cromática.

Sobre esse tema, recomendo o livro *O guia completo da cor*, de Tom Fraser e Adam Banks, da Editora Senac São Paulo.

Tipos de imagens digitais

Bitmap

Existem vários tipos de imagens digitais. Falaremos delas a seguir, mas, antes de começarmos, é importante ressaltar que o que chamamos de bitmap é um tipo de construção de imagem, não (apenas) o formato de arquivo BMP. Ao pé da letra, bitmap é uma imagem formada por um mapa de bits (o contrário, por exemplo, da imagem formada por uma equação matemática, como vetores).

A primeira imagem bitmap digitalizada já tem mais de cinquenta anos. Foi criada em 1957, por Russell Kirsch (1929-2020), e é fruto de um protótipo de scanner. A imagem é uma foto do filho dele, Walden Kirsch (figura 1), com então 3 meses de idade.

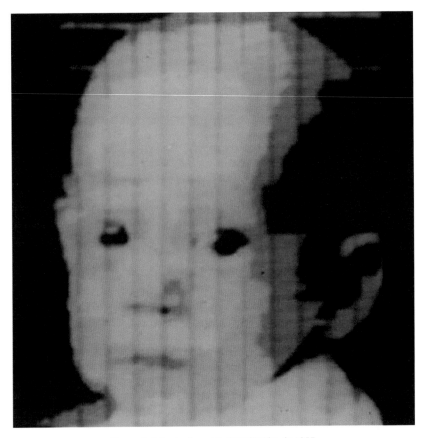

Figura 1. Primeira imagem digitalizada, de 1957, um retrato de Walden Kirsch, filho de Russell Kirsch.

Essa primeira imagem foi formada da mesma maneira que as imagens bitmap atuais: uma matriz com informações ponto a ponto. Em 1957, era uma matriz pequena e a informação se limitou aos tons de cinza, mas a lógica continua exatamente igual. No fundo, é um grande jogo de batalha naval com cores: *o quadrante A28 tem um submarino*; assim como *as coordenadas X, Y da imagem têm a cor tal*.

Quanto mais pontos nessas coordenadas tivermos na imagem, maior a sua resolução, que é medida em dots per inch (dpi), conforme a tabela a seguir, ou, em português, pontos por polegada (ppp).

Imagens em diferentes resoluções

Formato	A4 (21 x 29,7 cm)	A4	A4
Resolução	300 dpi	100 dpi	30 dpi
Dimensão (pixels)	2481 × 3506	827 × 1169	248 × 351
Tamanho do arquivo	BMP: 34,8 MB (32 bits)	BMP: 3,9 MB (32 bits)	BMP: 348 KB (32 bits)
	PNG: 34 KB	PNG: 7 KB	PNG: 3 KB

Há uma relação direta entre a resolução e a definição da imagem que vemos, como pode ser observado na figura 2.

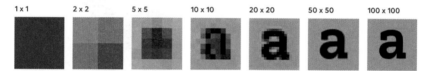

Figura 2. Quantidade de informação define a resolução.

A preocupação com a resolução só faz sentido em imagens bitmap. As vetoriais, como veremos na próxima seção, são formadas por cálculos matemáticos e, portanto, não possuem resolução até o momento em que são exportadas como bitmap.

Temos, então, basicamente dois tipos de imagens: bitmap e vetor. A primeira é uma imagem formada ponto a ponto, em um mapa (coordenadas X, Y) de bits (informações, nesse caso, cromáticas ou tonais).

As imagens em 3D são também vetoriais até que sejam renderizadas (rasterizadas, transformadas e exportadas), tornando-se bitmap com ilusão tridimensional. A grande diferença das imagens 3D para as que chamamos de vetoriais é que estas são 2D, ou seja, utilizam dois eixos (X e Y), enquanto as 3D consideram três eixos (X, Y e Z).

O vetor não perde qualidade com a mudança de tamanho. A quantidade de bits que associamos a cada uma das coordenadas do mapa (os pontinhos na figura 3) determina a profundidade de cor da imagem. Vimos esse assunto em detalhes no capítulo sobre cores.

Quando rasterizamos uma imagem vetorial, ou seja, quando transformamos a informação vetorial em um bitmap, ela pode ser chamada de imagem raster. Apesar de correto, o mais comum é nos referirmos a todas as figuras não vetoriais apenas como bitmap, independentemente de sua origem.

Figura 3. Comparação entre imagem vetorial (à esquerda) e imagem raster (à direita).

Você talvez esteja se perguntando qual a vantagem de usar uma imagem bitmap em vez de um vetor, já que este não perde qualidade. Bom, o primeiro motivo é que, no fundo, é tudo bitmap, como quadros de um filme ou de uma animação, o que um equipamento fotográfico produz, etc. Uma vantagem gigantesca é que o bitmap se traduz na informação ponto a ponto necessária para impressão, seja na impressora doméstica, seja em gráficas industriais. Outro motivo são os softwares de edição de imagem. Quando temos o bitmap, já sabemos (leia-se: o software também sabe) que informação existe no ponto ao lado. Com esse dado, conseguimos fazer efeitos, correções parciais, etc. e corrigir ou alterar ponto a ponto, literalmente. Então, por termos informação em cada um dos pontos da imagem, os bitmaps são mais indicados quando precisamos de um alto nível de detalhes (em oposição ao vetor, que calcula o traço entre pontos).

O mais importante, além da questão técnica, é entender que são pensamentos de imagem diferentes. O vetor seria mais ou menos como desenhar usando apenas compasso, régua e outros instrumentos, sem ser à mão livre, ou seja, você determina o ponto A e B, e traça uma linha entre eles. O bitmap, *grosso modo*, é à mão livre: você faz o traço ponto por ponto, cada informação que consta na sua linha é colocada por você manualmente. É claro que os dois produzirão uma linha cheia de pontos e você pode usar ferramentas parecidas com réguas em ambos; estou falando aqui do pensamento de construção dessas imagens. O bitmap, portanto, é o que mais se aproxima do nosso modo natural de desenhar. Até as ferramentas disponíveis mimetizam as técnicas tradicionais.

Em um software de edição de imagens bitmap, teremos ferramentas como pincel, lápis, caneta, borracha, esponja, conta-gotas, carimbo, etc. Mesmo que você não saiba usá-lo, rapidamente entende o que cada ferramenta faz. É uma interface mais naturalista.

Já em um software de edição de imagens vetoriais, as ferramentas não são tão próximas assim: pontos de ancoragem, arco, espiral, grade, elipse, polígono, etc. Rapidamente assimilamos as ferramentas e passamos a achar que desenhamos com polígonos, mas, na verdade, é todo um outro pensamento de construção de imagem.

O 3D é facilmente comparável com a escultura e, de fato, as ferramentas disponíveis se parecem de certa maneira com um misto entre a sensação naturalista do bitmap com o pensamento vetorial. Teremos ferramentas como um cinzel, mas, ao mesmo tempo, existem as de controle de pontos do mesh – a malha de pontos que dão forma à sua escultura 3D (figura 4).

Figura 4. Escultura vetorial em 3D.

Se você quiser experimentar criações com modelagem 3D, os softwares mais conhecidos são:

- » 3D Slash;
- » 3DS Max;
- » AutoCad;
- » Blender;
- » Cinema 4D;
- » Maya;
- » Poser;
- » Rhinoceros 3D;
- » SketchUp;
- » ZBrush.

Alguns deles são gratuitos, mas a curva de aprendizagem sobre o 3D não costuma ser tão rápida quanto a do bitmap.

Se você entender bem inglês, recomendo o Blender (gratuito), porque tem uma enorme comunidade em torno dele criando tutoriais, conteúdo e modelos. No YouTube, existem vários canais dedicados ao Blender, entre os quais destaco o oficial, o Blender Guru e o Blender Studio. Em português, tem o canal do LucViana e o site da comunidade brasileira de Blender.

GIFs e memes

Quando pensamos em GIFs (graphics interchange format, ou formato de intercâmbio de gráficos) e memes da internet – muitos com ilustrações digitais –, estamos muito mais no campo da comunicação e da publicidade do que na área técnica, mas é importante também compreender do que se trata.

Ok, eu sei que pode parecer um pouco óbvio, mas GIFs são feitos no padrão de arquivo .GIF. Bem... É e não é. No sentido que usamos na internet pode também ser uma extensão .JPG ou uma .PNG, pois GIF, de fato, é um padrão de arquivo.

GIF é um tipo de arquivo de imagem, um formato de imagem, desenvolvido pelo cientista norte-americano Steve Wilhite (1948-2022) em 1987. Esse arquivo tem baixa resolução, com no máximo 8 bits por pixel e 256 cores. Para efeitos de comparação, as imagens com 24 bits por pixel chegam a 16.777.216 de cores. Então, quando falamos que GIF de internet não tem qualidade para ser usado profissionalmente, isso significa, entre outros aspectos, que faltam essas 16.776.960 cores.

Lembre-se de que, de acordo com a profundidade de cor, esse bit por pixel aí é a potência do número. Então é 28, 224, etc. Existem imagens deep color, com 48 bits, o que dá aproximadamente 281,5 trilhões de cores. O padrão é 24, com mais ou menos 16 milhões de cores.

Por outro lado, a informação e o espaço que a imagem ocupa são proporcionais. Não tem mágica: mais informação, mais espaço; menos informação, menos espaço.

Seu sucessor, o portable network graphics (PNG) nasceu em 1996 e veio para substituir o GIF, mas o motivo dessa substituição é comercial, e não exatamente prático: o GIF é patenteado, o PNG, não, além de ser um formato livre, com algumas vantagens técnicas: possui um canal para transparência (alpha) e consegue chegar a profundidades de cores bem mais altas. Ainda assim, sua paleta de cores é otimizada, ou seja, mesmo que em altíssima definição, podem estar faltando cores no arquivo.

O seu arquivo deve estar sempre na melhor qualidade possível; para tanto, o segredo é digitalizar e/ou criar uma imagem em alta resolução e profundidade de cores (TIFF, por exemplo), editar e salvar tudo também em alta e mandar otimizado (PNG, por exemplo) ao cliente. Se for fotografia, o padrão usado é o RAW, que é como se fosse um negativo da máquina digital. Nunca envie o arquivo original para ninguém.

Então, voltando: GIF é um padrão, um formato de arquivo. Mas é também um tipo de narrativa. Existe até mesmo um site bem famoso que trata meme e GIF quase como sinônimos, o Giphy.

São conceitos tão próximos que até a Wikipedia ([2021]) mistura os dois:

> A expressão meme de internet é usada para descrever um conceito de imagem, vídeos, GIFs e/ou relacionados ao humor, que se espalha via internet. O termo é uma referência ao conceito de memes, que se refere a uma teoria ampla de informações culturais criada por Richard Dawkins em seu best-seller de 1976, o livro *O gene egoísta*.

Não pense você que meme é uma coisa boba e sem propósito; é um assunto bem sério das áreas de psicologia, comportamento, design, comunicação, sociologia, etc. Uma pesquisa rápida no Google Acadêmico, em 30 de maio de 2021, retornou aproximadamente 2,3 milhões de resultados. Tem muita gente séria pesquisando memes. Não é possível conhecer a totalidade desses trabalhos, mas, em um recorte bastante pessoal, recomendo:

» *Arte e a cultura dos memes*, de Guilherme de Léo Silva (Universidade Estadual do Rio de Janeiro – UERJ);
» *Memes e dinâmicas sociais em weblogs: informação, capital social e interação em redes sociais na internet*, de Raquel da Cunha Recuero (Universidade Federal do Rio Grande do Sul – UFRGS);
» *O gênero "meme" em propostas de produção de textos: implicações discursivas e multimodais*, de Marcos Vinícius Ferreira Passos (Universidade de Brasília – UnB);
» *O meme como linguagem da internet: uma perspectiva semiótica*, de Natália Botelho Horta (UnB).

E, se você não entender algum meme, não se preocupe; a internet é boa professora. Visite o site Know Your Meme e descubra do que se trata.

Para mim, o primeiro grande meme da história é anterior à internet: a obra *L.H.O.O.Q.* (1919), com o famoso bigode na *Mona Lisa*, do Marcel Duchamp (1887-1968).

Repare como GIF e memes, muitas vezes, misturam informação textual/verbal com a imagética/visual. Ainda assim, trata-se de uma comunicação predominantemente visual. Necessitam de leitura rápida, disseminação fácil que não dependa do idioma e portabilidade que mantenha a diagramação da imagem.

Muitas vezes a cultura dos memes utiliza uma linguagem verbal (ou mesmo visual) em desacordo com a norma culta. É proposital; não se iluda: o criador de memes conhece a regra e escolhe quebrá-la. É uma *pièce de résistance* à dominação dos meios culturais por outras gerações.

[Mudanças climáticas, a praga, incêndios, Terceira Guerra Mundial: 2020]
Figura 5. Meme criado sobre uma foto de Jerry Ferguson.

Quando a obra *Girl with balloon* se autodestruiu após ser leiloada em 2018 por 1,4 milhão de dólares, Banksy (1974-), o seu criador, estava fazendo uma crítica alta e clara ao mercado de arte internacional.

O meme da figura 5, por exemplo, mescla uma tempestade de areia que aconteceu no Arizona em agosto de 2018 com um cachorro.

Esse meme transmite, de maneira imediata, uma preocupação e uma crítica socioambiental sobre os acontecimentos mundiais e o nosso futuro próximo. Nota: esse meme é anterior à pandemia de covid-19.

Memes e GIFs podem até ser feitos rapidamente e com baixa qualidade (que, como vimos no começo desta seção, é um dos objetivos do GIF), mas, nem por isso, são desprovidos de sentido, crítica, significado ou informação.

Vetores

A ilustração vetorial tem infinitas aplicações. Suas maiores vantagens são a escalabilidade (tolera ser redimensionada sem perda de qualidade) e a flexibilidade (é possível, por exemplo, alterar a espessura ou a cor de um traço sem precisar refazer todo o desenho). É fundamental em logos e identidades visuais, como veremos um pouco mais adiante, ainda neste capítulo, quando estudarmos identidade visual.

Atualmente, o mercado editorial é muito aberto à imagem vetorial, especialmente para e-books interativos. A esmagadora maioria dos quadrinhos comerciais é feita com vetores. O mercado é amplo, e as possibilidades, imensas.

Quando você for criar imagens já pensando nessa finalidade, vale a pena seguir algumas linhas gerais.

A primeira é fazer um clean-up das imagens. Isso significa, basicamente, limpar o seu desenho. Quanto mais limpo for um original, com traços claros e nítidos, melhor será a sua vetorização, resultando em linhas curvas também claras e nítidas.

Esse processo tem origem na composição ainda anterior à informática, com a figura do arte-finalista, cuja profissão não existe mais, mas a função ainda é importante. Na indústria da animação, o clean-up é importantíssimo, assim como no desenho de tatuagens, quadrinhos, etc.

Sempre que você precisar de um traço preciso, algum nível de clean-up é necessário, pois é comum que, no esboço, existam linhas que podem ter sido descartadas ou traços que podem ser simplificados. É possível fazer isso em um processo inteiramente digital ou com um papel vegetal e uma boa canetinha de nanquim que possibilite traçar a ilustração de maneira analógica.

Dessa forma, o processo de digitalização, tratamento, edição e vetorização é muito mais rápido e eficiente. E não se iluda: não é por ser digital que será, necessariamente, mais ágil; às vezes, procedimentos digitais são mais lentos do que os tradicionais. Esse processo criativo é comum a várias técnicas, inclusive para o 3D.

Existe até mesmo um tom de azul, encontrado em lápis, canetas, grafites, tintas, etc., que propositalmente não é bem reproduzido/digitalizado, para que você possa esboçar à vontade antes de fazer o traço final.

Já se o objetivo for criar um traço limpo para a digitalização, a técnica tradicional mais apropriada é o nanquim não diluído. E, das possibilidades deste, a que tem a maior variedade de espessuras e estilos de traço é o bom e velho bico de pena.

Agora, se você busca praticidade, as canetas industriais à base de nanquim são ótimas e existem de muitas marcas diferentes. Caso opte por esse caminho, compre pelo menos quatro ou cinco espessuras diferentes. As canetas são numeradas e, quanto maior o número, mais grosso é o traço. Eu uso principalmente 0.1, 0.3, 0.5 e 0.8. Pela minha experiência, a Staedtler dura mais e resseca menos, mas pode ser apenas uma coincidência.

Se você estiver desenvolvendo um personagem para e-book interativo, animação, aplicativo ou qualquer outra finalidade em que o personagem irá se movimentar, pode facilitar muito adotar um pensamento e uma metodologia de criação em rigging, a fim de produzir seus desenhos pensando em uma estrutura esquelética. Então, por exemplo, quando você precisar que um personagem caminhe, não irá criar um desenho para cada posição de perna, mas para cada ângulo de perna (frontal, perfil, etc.), com as partes que se mexem separadas, ou seja, um desenho para a coxa, um para a perna, um para o joelho, e por aí vai. Quando você os juntar, bastará girar/mover as partes conectadas para criar a sensação de movimento. Essa técnica ainda tem a vantagem de manter o desenho estável dentro das suas variações, evitando o risco de, sem querer, alterar uma característica qualquer de pose para pose. O rigging é a principal metodologia usada em animações 3D, vetoriais ou mistas, podendo ser útil em qualquer tipo de ilustração sequencial, animada e interativa, ou não.

Se você é novo nesse negócio de desenhar a mesma coisa ou personagem com ângulos de visão diferentes, experimente usar linhas-guia para rotacionar o seu desenho, de acordo com o rigging, lembrando-se de fazer finais arredondados nas partes, conforme as figuras de 6 a 8.

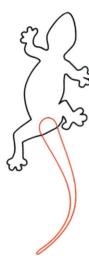

Figura 6. Na minha ilustração de lagartixa, por exemplo, se eu quiser mexer o rabo dela, preciso que a interseção seja arredondada, para que...

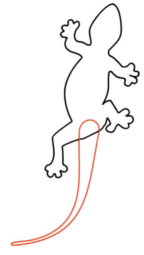

Figura 7. ... ao girar, exista material gráfico suficiente para unir as partes visualmente, sem que ocorra...

Figura 8. ... esse tipo de erro, em que fica faltando um pedaço da imagem.

Como eu disse anteriormente, o rigging e a ilustração vetorial não precisam necessariamente ser usados apenas para animação ou interação, mas trata-se de um recurso importante.

LOGOTIPOS E LOGOMARCAS

Uma logo, mesmo que tenha seu desenho inicialmente feito em técnicas tradicionais (frequentemente tem), necessariamente é entregue em vetor. O motivo é simples: trata-se de um elemento visual que precisa ser redimensionado o tempo todo e, normalmente, também ter várias versões.

Como trato aqui de ilustração digital, vou me ater a questões sobre a parte figurativa da logo. A questão da limpeza dos nós na ilustração vetorial é importante de forma geral, mas, dependendo do caso, passa despercebida. Em identidades visuais, porém, ela é crucial (figuras de 9 a 11).

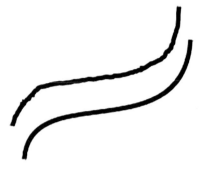

Figura 9. Quando vemos a curva em um tamanho reduzido, quase não notamos a diferença.

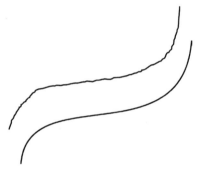

Figura 10. Mas, ao ampliar, percebemos a divergência na curva.

Figura 11. Por isso, precisamos ter cuidado com a qualidade da curva e dos nós que a formam.

Esse problema é mais comum quando vetorizamos uma imagem feita de forma tradicional, mas pode acontecer com qualquer técnica ou meio. Para observar se você está com esse problema, basta ampliar (zoom) a sua visualização até conseguir ver pelo menos um dos nós.

Isso é uma questão importante para identidades visuais pelo fato de esse tipo de imagem vetorial ser o que normalmente mais é submetido a alterações de tamanho. Uma mesma logomarca será utilizada como um ícone de aplicativo no seu celular ou aplicada em um outdoor, por exemplo; por esse motivo, todo cuidado é pouco. Os principais softwares (Illustrator, Corel, etc.) possuem ferramentas de redução de nós. Você só precisa se lembrar dessa questão e verificar se o resultado está satisfatório ou se é necessário algum ajuste manual.

Em relação à parte técnica, lembre-se sempre de exportar os seus arquivos para um formato mais coringa (que não dependa tanto da versão do software que você usa). Por exemplo, se você fez a identidade visual no Illustrator, salve os seus arquivos normalmente, mas mantenha uma cópia em EPS e em PDF, por segurança. Arquivos vetoriais costumam ocupar pouco espaço; aproveite e guarde quantas versões você puder, pois volta e meia mudamos de computador ou precisamos enviar algo para uma gráfica com versões antigas, ou mesmo para o cliente, que não necessariamente possui os softwares que você usa ou as mesmas versões.

E, claro, salve tudo na nuvem também, já que computadores quebram. Aqui eu uso o Google Drive com o aplicativo de backup ligado o tempo todo. Escolha um serviço de nuvem que te atenda (ou vários) e aproveite-o.

Voltando às formas, Pete Docter (1968-), diretor de *Monstros S.A.*, fala sobre a geometria das formas no desenvolvimento de personagens no vídeo *Geometry of characters* (2017). Mesmo que você não entenda inglês, assista, por favor, pois é possível compreender pelo contexto. A mesma psicologia se aplica a logomarcas.

Como você deve ter reparado, tudo que criamos, apresentamos, publicamos, escrevemos, desenhamos... enfim, tudo o que fazemos tem um motivo e gera uma percepção no outro. Tenha consciência das suas escolhas, sempre!

Por isso falei de todos esses elementos, porque eles andam de mãos dadas na ilustração digital e na identidade visual. Ah, mas eles existem também na ilustração tradicional! Claro, é verdade. Entretanto, é na identidade visual que essas escolhas precisam ser ainda mais conscientes e planejadas, justamente pelo aspecto sintético dela: com muito pouco, precisa transmitir muita informação. Qualquer escolha errada, por menor que seja, pode significar o fracasso de uma marca.

Texturas

Textura é o aspecto de uma superfície. Nós a entendemos intuitivamente como algo tátil, ou seja, aquilo que tocamos, que sentimos com o tato: pele, tecidos, pelos, madeira, vidro, etc.

Em marketing e publicidade, existe todo um segmento do branding dedicado a isso. Por exemplo, a textura do volante dos carros é patenteada de acordo com o fabricante; quem entende de carros (o que não é o meu caso) o reconhece mesmo se estiver de olhos vendados. Outro bom exemplo é a indústria de celulares: a textura do metal de um iPhone, da Apple, é completamente diferente da de um Galaxy, da Samsung, por exemplo. Faça o teste: coloque celulares diferentes virados de cabeça para baixo em uma mesa e peça aos donos que reconheçam os aparelhos de olhos fechados, só de tocar neles.

Outra forma pela qual compreendemos textura é pela visão e, em ilustração digital, essa é a parte que nos interessa. Podemos, por exemplo, ver só um pedacinho da pele de um lagarto e já sabemos, pelo menos, que se trata de um réptil.

As texturas são parte importante da criação de imagens digitais: desde o uso de uma ferramenta que imita determinada técnica (aquarela, por exemplo) até a aplicação de textura sobre uma camada ou área da imagem por brushes ou pincéis especiais, filtros e efeitos (gloss, por exemplo). São, em todos esses casos, texturas mapeadas para funcionar daquela maneira.

A compreensão de textura é, portanto, crucial para entendermos a construção de ilustrações digitais. No entanto, vou começar fazendo um alerta: nem sempre queremos aplicá-la às nossas ilustrações. Não há nada de errado com uma ilustração vetorial de cor chapada sem qualquer tipo de textura, é apenas uma possibilidade.

No contexto da ilustração digital, textura é tudo aquilo que aplicamos em uma superfície ou que geramos como esta, ou seja, como um padrão que se repete sem que percebamos.

Chamamos de bad tiling (figura 1) a textura em que vemos a costura, ou seja, é visível exatamente onde uma imagem se uniu a uma outra. Existe um termo para um tipo de padronagem em que não vemos a emenda entre uma imagem e outra, o seamless (figura 2), que significa "sem costura". É também muito usado com o mesmo sentido em lingerie.

Para criar uma textura seamless, certifique-se de que o lado esquerdo se une perfeitamente ao direito, e a parte superior, à inferior. O jeito mais fácil de fazer isso é espelhando e duplicando o efeito de forma a ter exatamente a mesma informação em todas as laterais. (Eu uso o filtro offset do Photoshop; em português: *Filtro > Outros > Deslocamento*.)

Essa questão do seamless é especialmente importante no 3D e quando aplicamos texturas em áreas grandes, que precisarão de repetição, ou então na indústria de videogames, em que texturas pequenas dão conta de cenários inteiros.

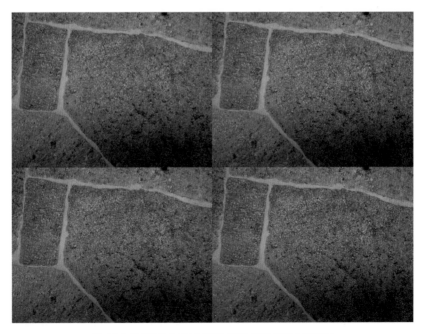

Figura 1. Exemplo de bad tiling, quando vemos a costura.

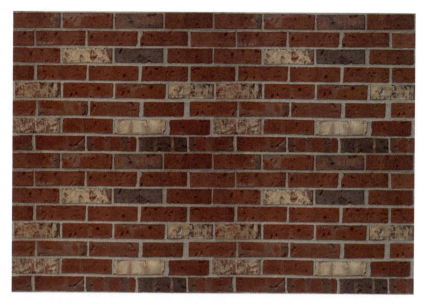

Figura 2. Exemplo de uma textura seamless, em que não vemos a costura das imagens.

Nem sempre precisamos de uma textura seamless. Muitas vezes a área onde a teremos é pequena e uma boa imagem dela é suficiente para dar conta do efeito que queremos. O principal cuidado a tomar é que, se usarmos apenas as texturas encontradas na internet, rapidamente nossas ilustrações parecerão também qualquer coisa da rede, como pode ser notado em alguns exemplos de sites de texturas:

- » 3Dtextures;
- » All CG Textures;
- » CC0 Textures;
- » CGbookcase;
- » Poliigon;
- » textures.com;
- » Texturify.

Eu tenho o hábito de scannear, em alta resolução, texturas que encontro no dia a dia e que acho bonitas. Coloco tudo no scanner: grãos (café, arroz, feijão), folhas, flores, madeiras, pedras, papéis, tecidos, etc. Obviamente quanto mais baixinho (mais próximo ao plano) for o objeto, melhor irá digitalizar. O grande truque para isso é dar um jeito de cobrir o scanner de forma a evitar a entrada de luz pelas laterais quando a tampa estiver levantada – nada que um pano grosso não resolva. Coloco o objeto no scanner, cubro o aparelho totalmente com um pedaço de coberta velha e aí digitalizo. Com isso, eu crio texturas únicas que não são encontradas em qualquer canto da internet e as tenho em ótima resolução, sem precisar pagar por isso (a maioria dos sites cobra pouco, mas cobra).

Texturas são bem úteis para fundos. Um mar, por exemplo, pode ser um degradê de cor com textura de água aplicada. Quando você estiver usando esse efeito misturado com ilustração digital e não quiser criar estranhamento, a minha recomendação é para não usar a textura diretamente, e sim aplicá-la em uma área da sua ilustração.

No exemplo das figuras de 3 a 12, a ilustração do pássaro é minha, a textura do céu (figuras de 5 a 12) é do site Texturex.

Figura 3. Abrindo a minha ilustração com fundo branco, no Photoshop.

Figura 4. Recortando o fundo.

Figura 5. Sobreposição da minha ilustração sobre a textura de céu, do Texturex.com.

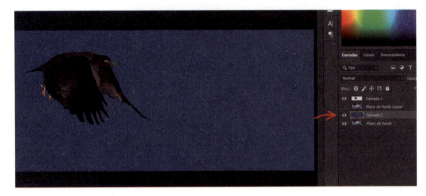

Figura 6. Aplicação de cor em uma camada abaixo da textura.

Figura 7. Alterando a forma de mesclagem da camada de textura.

Figura 8. Optei pelo modo *Divisão*.

Figura 9. A ilustração já mescla um pouco melhor com o fundo.

Figura 10. Aplicação de efeito sobre a textura,
com o objetivo de diminuir a aparência de fotografia.

Figura 11. Resultado final.

Figura 12. Aplicação da textura sem tratamento/edição (acima) × textura de fundo editada (abaixo).

O uso de texturas em ilustração digital é bem poderoso. Experimente! O pior que pode acontecer é você precisar dar um Ctrl + Z.

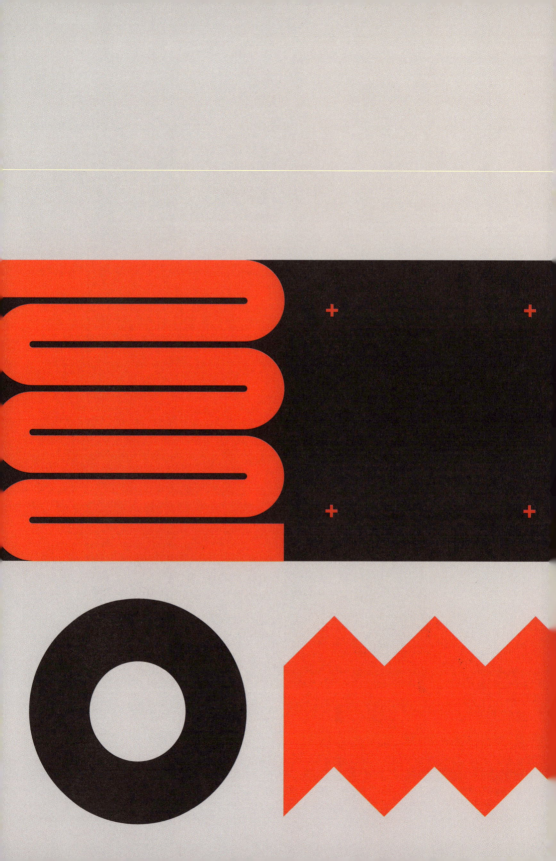

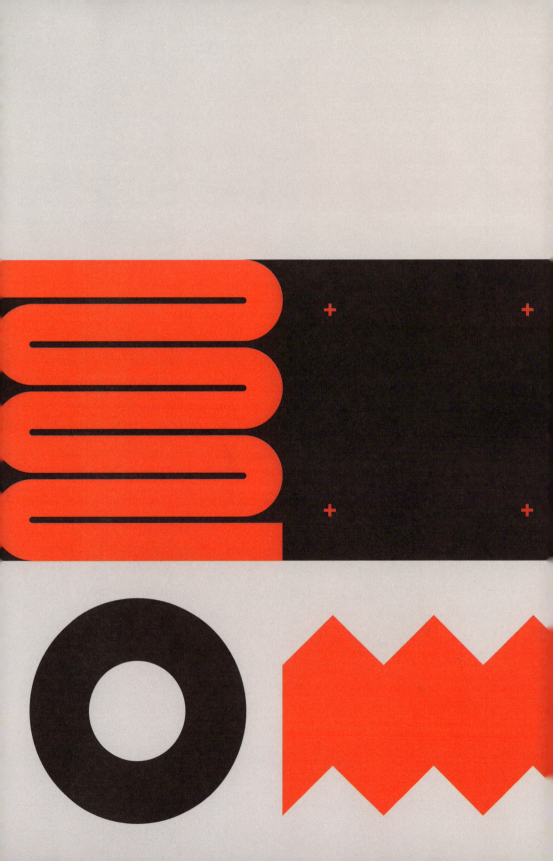

Mixed media

Mixed media é um termo que vale para qualquer mistura de técnicas na criação de obras de arte, mas aqui limitaremos à mescla de qualquer técnica com outra digital.

A história da arte canônica – por ser eurocentrada – considera a obra *Still life with chair caning* (1912), de Pablo Picasso (1881-1973), a primeira obra com mixed media. No entanto, pelo menos os minkisi (plural de nkisi), do Congo (figura 1), existiram bem antes disso. Trata-se de estatuetas sacras, que muitas vezes eram compostas por objetos e materiais diferentes e/ou carregavam dentro de si ervas medicinais ou outros elementos com poderes curativos, segundo a tradição de seu povo, sendo fechadas e tornando-se uma peça única.

Figura 1. Mangaaka Power Figure (Nkisi N'Kondi) ([2008]).

89

Ótimos exemplos de artistas que trabalham com mixed media não nos faltam. O sul-africano William Kentridge (1955-) a utiliza em suas obras, principalmente em animações, fotografias, vídeos, esculturas e desenhos.

Para o ilustrador digital, entretanto, a construção da imagem para mixed media e para multimídia acontece em processos criativos muito similares que passam pelo pensamento em colagem.

Desde Bobb Goldsteinn (1936-) até hoje, tanto a tecnologia quanto a arte multimídia em si mudaram muito, mas o pensamento continua e continuará sendo o da mesclagem, o da colagem, o da mistura, ou seja, o da mixed media.

Misturar é, essencialmente, experimentar sem medo de errar. A experimentação é praticamente ilimitada e não há regras sobre o que pode ou não ser feito. Lembre-se apenas das questões técnicas da imagem, que já vimos, quando for expor, imprimir, publicar ou enviar para um cliente o seu trabalho. A revista inglesa *Digital Arts* tem uma seção de tutoriais dedicada à mixed media, dê uma olhada.

Se formos pensar em termos mais rigorosos, cada vez que você edita uma fotografia, está criando uma mixed media, mas vamos pensar realmente nisso como uma mistura com outros elementos. Apesar de o Photoshop ser o software padrão do mercado, capaz de criar desenhos e pinturas, eu prefiro o ArtWeaver (gratuito) para a parte de pintura. Nas figuras de 2 a 4, utilizo uma foto do jardim japonês de Buenos Aires, de minha autoria (2018).

Figura 2. Fotografia aberta no Artweaver.

Figura 3 (A, B, C, D). Desenhando sobre a fotografia.

Figura 4. Aplicando *Blur* sobre o desenho.

Figura 5. Mixed media finalizada.

Podemos também fazer o inverso: aplicar uma fotografia sobre um desenho ou pintura. As figuras de 6 a 15 são o passo a passo de uma mescla do detalhe de um retrato a óleo que eu fiz de um amigo e uma foto da minha gata.

Figura 6. Detalhe do quadro.

Figura 7. Abrindo a fotografia no Photoshop.

Figura 8. Removendo o fundo da fotografia.

Figura 9. Colocando a fotografia em uma camada, sobre o retrato.

Figura 10. Deformando a fotografia para se parecer com um reflexo.

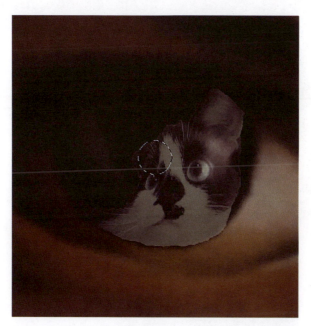

Figura 11. Reservando a área do nosso olho que não reflete imagens.

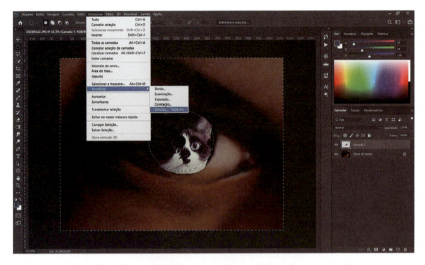

Figura 12. Aplicando a ferramenta *Difusão* nas áreas selecionadas para suavizar o recorte.

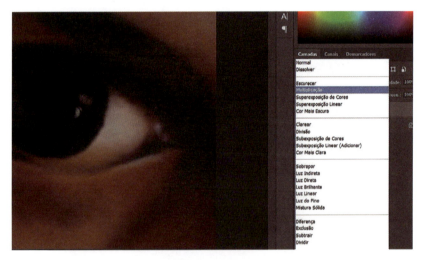

Figura 13. Escolhendo a opção *Multiplicação* na mesclagem das camadas.

Figura 14. Diminuindo a opacidade.

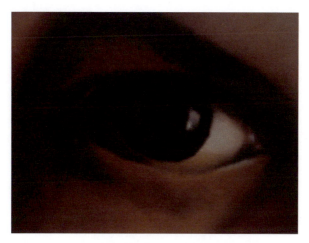

Figura 15. Resultado final.

Toda vez que aplicamos uma textura em um objeto 3D, criamos uma mixed media de um vetor 3D + bitmap, mesmo que ambos sejam imagens digitais.

As ilustrações vetoriais tendem a se descolar mais das tradicionais quando as misturamos. Esse pode ser um efeito desejado, ou não. Eu, particularmente, gosto muito do resultado e tenho inclusive livros infantis publicados que utilizam mixed media de pintura com ilustração vetorial, como podemos ver nas figuras a seguir.

Figura 16 (A, B, C). Mixed media de pintura e ilustração vetorial no livro *Godô dança* (2009).

Essa mistura é tão bem aceita no mercado como qualquer outra. Experimente à vontade!

O pensamento em colagem

Assim como em qualquer ilustração ou pintura, a digital também começa com um rascunho, cuja construção do pensamento é a mesma do sketchbook. Uma das enormes vantagens que a ilustração digital tem sobre a tradicional é o aproveitamento direto do sketch, que podemos colocar em uma camada e trabalhar em outra, tornando o rascunho não apenas parte importante do pensamento imagético, mas também de sua estrutura e da construção do produto final.

Então, afinal, o que muda na ilustração digital em termos de pensamento é a forma como entendemos as relações entre as etapas de uma ilustração. Sketch e arte final estão muitas vezes juntos e há muito mais pensamento em colagem, o qual não significa, necessariamente, fazê-la, mas pensar o todo a partir de pequenos pedaços. Esse é um raciocínio muito mais natural – que a gente desenvolve sem nem perceber – na ilustração digital do que na tradicional. O processo criativo do ilustrador digital, por exemplo, muitas vezes acontece utilizando e contando com a existência do recurso de camadas, as quais, de certa maneira, são um pensamento em colagem, já que imaginamos a soma do todo, e não as suas partes.

Dessa forma, é natural que a gente pense em colagem, ou seja, que construa o pensamento a partir de muitas referências acumuladas no decorrer da vida. No fundo, todos nós somos palimpsestos das próprias histórias.

O mais importante de tudo isso é entender que o conceito é mais relevante que a ferramenta. Portanto, não é a ferramenta que faz o artista. Escrevi um artigo sobre esse tema, para quem quiser se aprofundar mais:

"A ferramenta não faz o artista", artigo publicado na revista *Web Design* (2010). Disponível em: https://carolina.vigna.com.br/a-ferramenta-nao-faz-o-artista/.

O pensamento em colagem está muito conectado à cultura do remix, termo que vem da música, mas que é utilizado também na produção visual, audiovisual, literária e teatral. O livro *Remix: making art and commerce thrive in the hybrid economy*, de Lawrence Lessig (1961-), descreve a prática do remix como uma evolução da produção cultural. Outra referência teórica importante sobre o assunto é o livro *Pós-produção: como a arte reprograma o mundo contemporâneo*, do Nicolas Bourriaud (1965-). Do mesmo autor, recomendo também o *Estética relacional*.

Não são todos, entretanto, que compartilham da ideia de que tudo pode ser remixado e, para não ferir o direito autoral de alguém, procure sempre pela licença Creative Commons antes de utilizar o trabalho (ou parte dele) de outra pessoa. Assim como você quer ter os seus direitos respeitados, respeite o dos outros também.

Como as ferramentas digitais facilitam muito a ação da colagem, cuidado para que sirvam realmente apenas para uma construção de pensamento imagético, e não para uma apropriação indevida.

Ilustração digital e o mercado editorial

Logo que pensamos no campo de trabalho para quem faz ilustração, lembramos do mercado editorial. Mas e a ilustração digital? O mercado editorial é antigo, e a maioria das ilustrações premiadas não é digital. Os vencedores dos dez principais prêmios internacionais dessa área nos dizem que os responsáveis por estes preferem ilustrações tradicionais. As obras podem até ter sido feitas ou trabalhadas/editadas digitalmente, mas parecem tradicionais.

Esse pensamento, de certa maneira, vem lá de Platão (427 a.C.-347 a.C.) e de questões relacionadas à mimese, sobre o que é o artista verdadeiro e outras ideias igualmente antigas. Felizmente, premiação e mercado, nesse ponto, não andam tão em sintonia assim.

Nos Estados Unidos, 66% dos empregos bem pagos em ilustração utilizam de alguma forma a imagem digital. Essa importância da imagem digital permanece em todos os setores, incluindo o editorial. Se considerarmos as publicações mais centradas em imagens, como graphic novels, essa importância cresce mais ainda.

Não vou entrar aqui na questão de se isso é bom ou ruim (acho até mesmo que é bom, pois não permite que as vendas sejam um critério de qualidade). O que nos interessa disso é que existe espaço para todos. E daí vem uma pergunta comum: como entrar no mercado editorial?

Obviamente existem muitos caminhos, mas vou supor aqui que você não conheça alguém desse meio (ou então já teria dicas suficientes) e que ainda não tenha nada publicado. Nesse caso, um bom (mas não o único) caminho a seguir é o seguinte:

1. Vá a uma livraria de grande porte ou a uma biblioteca.
2. Selecione livros cujas ilustrações sejam próximas das que você faz ou quer fazer.
3. Veja quais são as editoras que publicaram esses livros.
4. Selecione as brasileiras.
5. Consulte o site dessas editoras para levantar informações de contato.
6. Escolha um texto em domínio público ou de sua autoria (a questão de direito autoral aqui é importantíssima!).
7. Faça de quatro a cinco ilustrações para esse texto.
8. Monte um único PDF diagramado com o texto e as imagens.
9. Envie o arquivo em baixa e uma única imagem em alta resolução para a editora, apresentando-se e candidatando-se a trabalhos de ilustração.

Esse caminho fornece ao editor algumas informações:

» Que você sabe lidar com tecnologia e é capaz de enviar trabalhos em PDF.
» Que você respeita direitos autorais.
» Como você cria imagens em termos técnicos.
» Como você cria imagens em termos narrativos.
» Como você relaciona imagem-texto.

Naturalmente, esse não é o único caminho a seguir, mas é um bom caminho; experimente. (Aviso: editoras demoram muito a responder – quando respondem –, mas é raro que não armazenem os dados de bons ilustradores para trabalhos futuros.)

Agora, se você é quadrinista e deseja publicar uma graphic novel ou HQ, o caminho é um pouco diferente. As editoras brasileiras que as publicam não são muitas, e normalmente os editores desses segmentos são muito especializados e de nicho. Nesse caso, vale a pena o bom e velho network; você precisa conhecer as pessoas, além de, claro, ter uma história inteira pronta.

A novela gráfica é analisada como um todo – começo meio e fim, narrativa, história, ilustração, diagramação, cores, tudo... É necessário ter uma história finalizada antes de começar os contatos.

Para fazer os contatos nessa área, o melhor caminho são os eventos. Fique também atento a exposições importantes (vá na abertura!). Os congressos acadêmicos são interessantes para aumentar o seu conhecimento sobre o assunto, mas não são muito práticos no que diz respeito à publicação de seus originais. Normalmente esses congressos são feitos por e para pesquisadores, não para editores. Já as feiras de HQs, apesar de mais frequentadas por colecionadores do que por editores, valem a pena para contatar o pequeno editor (que muitas vezes está lá presente como expositor) e para ver o que está sendo feito no mercado alternativo.

Ah, e on-line?, você deve estar se perguntando. Você pode publicar e-books, e-zines, e-HQs à vontade, mas registre-os antes para garantir o seu direito autoral. O registro, desde 2020, é feito pela Câmara Brasileira do Livro (CBL). Você não precisa ser empresa ou editora para solicitá-lo, entre com o pedido de autor. E, claro, use e abuse do on-line para a divulgação do seu trabalho!

O projeto gráfico e a sua ilustração

O design e a ilustração andam lado a lado, e é comum que ilustradores sejam também designers. Muitos preferem criar o projeto gráfico com as ilustrações, tanto por uma questão de pensamento imagético e gráfico quanto para garantir que as ilustrações não sejam alteradas de uma forma que não esteja de acordo com a intenção do ilustrador. Por esse motivo, é bom falarmos um pouco sobre projeto gráfico. Ele é, necessariamente, estrutural, ou seja, define o layout, as cores, a tipografia, o grid (o que inclui a mancha gráfica e outros elementos), etc., ou seja, o projeto gráfico é um enorme guia do que será feito.

Quando o projeto gráfico é nosso também, sem problemas. Como já dizia o filósofo francês Jean-Paul Sartre (1905-1980): "O inferno são os outros". Começamos a ter problemas quando a nossa ilustração é manipulada, editada, cortada, inserida no projeto gráfico de outro profissional.

Primeiro, é sempre importante se prevenir para evitar problemas. Não é incomum que você seja contratado para ilustrar algo que faz parte de uma coleção, de uma campanha, enfim, de um conjunto qualquer. Se for esse o caso, não há problema algum em pedir ao designer responsável que indique as manchas gráficas com as quais você irá trabalhar e, se possível, o que ladeia essas manchas. Dessa forma, você saberá exatamente qual espaço a ilustração irá ocupar e o que estará próximo a ela, podendo evitar cortes e outros ajustes que nem sempre estão de acordo com o que você pensou ou criou. É importante saber o que estará do lado também para evitar gafes. Posicionamento é tudo nessa vida, minha gente.

Ok, vamos supor agora o pior cenário: o projeto gráfico não é seu; você não o conhece; não tem acesso a ele e nem tem como saber de que jeito a sua ilustração será utilizada. Meu conselho? Não aceite o trabalho. Mas eu sei que os boletos chegam para todos; então, vamos lá.

O que você pode (tentar) fazer é pôr em contrato que precisa autorizar a versão final antes de ela ser enviada para a gráfica ou para a produção. Entretanto, se o seu cliente se recusou ou não foi capaz de te fornecer sequer a mancha gráfica que sua obra vai ocupar, as chances concretas de ele pedir a sua aprovação depois são mínimas.

Outra coisa que você pode tentar fazer – essa é um pouco mais simpática – é oferecer a execução dos ajustes necessários, caso seja preciso: diga que você mesmo corta a imagem, muda o fundo, faz qualquer coisa. Para que isso tenha alguma possibilidade de acontecer, mande as imagens em baixa resolução e avise que enviará as finais em alta, já ajustadas. Se o cliente recusar e disser que o designer fará isso, você não vai ter alternativa a não ser aceitar.

Tem vezes, entretanto, que o produto é único e o projeto gráfico ainda não existe. Do nosso lado aqui, há algumas coisas que podemos fazer para ajudar o designer e minimizar problemas.

A primeira delas é trabalhar em camadas. Não importa se vetorial ou bitmap, mas sempre em camadas; quanto mais, melhor. Não estou brincando. Deixe o pé esquerdo do personagem em uma camada separada da perna, esta, do joelho, este, da coxa, e assim por diante. Use a técnica de rigging, mesmo que você não vá animar essa ilustração depois e que o trabalho não seja interativo. Dessa maneira, qualquer ajuste fino é rápido e indolor. Além disso, você fica com total controle sobre cada elemento da sua imagem, podendo, inclusive, eliminar um fundo ou alterar a cor de um detalhe com facilidade. Há ainda a possibilidade de interação com o texto, permitindo que invada a imagem.

Outra ação nossa que vai facilitar muito a vida do projeto gráfico é mandar os rascunhos. "Olha, estou pensando nisso aqui, com essa disposição, o que acha? Te atende?", algo nessa linha. Mas mande um rascunho mesmo, tanto para que o designer entenda claramente quanto para que você não tenha retrabalho depois.

É interessante também dar uma stalkeada do bem (consultando currículo, portfólio, etc.) nos profissionais envolvidos. Não é incomum que o designer tenha certa tendência de estilo ou que goste de trabalhar de determinado jeito. Assim, você já saberá mais ou menos o que te espera e como você poderá criar um diálogo gráfico melhor.

Além disso, deixe sempre espaços e possibilidades de corte ou de entrada de texto nas suas imagens. Uma boa pedida é, mesmo não sendo fotografia, utilizar a regra dos terços, conforme a figura 1, de forma a possibilitar uma diagramação elegante e a aplicação de texto ou logo por cima da sua imagem.

Você pode também se oferecer para pensar a integração da ilustração com os demais elementos e até mesmo sugerir alguns estudos ou soluções em tipografia.

Grandes ilustradores integravam o texto em suas ilustrações. Pense sempre: "Se Toulouse-Lautrec (1864-1901) (figura 2) e Mucha (1860-1939) (figura 3) faziam, eu também posso fazer", e seja feliz!

Para saber mais sobre a regra dos terços e suas aplicações na arte, veja este vídeo. Disponível em: https://artenapratica.com.br/turner/.

Figura 1. Regra dos terços.

Figura 2. *La troupe de Mlle. Églantine*, de Henri de Toulouse-Lautrec (1896).

Figura 3. *Gismonda*, de Alphonse Mucha (1895).

E, se tudo mais falhar, relaxe – existem outros clientes.

Ilustração digital e o cinema

Ilustração com cinema é sinônimo de animação, efeitos especiais, motion graphics, etc. Vamos por partes.

Animação

As técnicas de animação mais conhecidas são: stop motion, 3D (ou CGI, de forma geral), tradicional, vetorial, motion capture, pixilation e rotoscopia.

Stop motion é uma técnica que captura os quadros um a um e depois os monta em um vídeo ou uma película. Alguns exemplos conhecidos dessa técnica são os filmes *A fuga das galinhas*, produzido em 2000, pelos estúdios Aardman, que também fizeram os filmes e curtas dos personagens Wallace e Gromit; *Coraline e o mundo secreto*, dos estúdios Laika, em 2009; e *A noiva-cadáver*, de 2005, criado por Tim Burton (1958-). A Aardman é uma empresa inglesa especializada em stop motion e claymation que se tornou referência nesse tipo de animação. Claymation nada mais é que o stop motion específico com massinha.

Também é considerado stop motion a captura de quadros pintados, como em *O velho e o mar*, criado em 1999 por Alexander Petrov (1957-), que se tornou referência em animações feitas dessa maneira. Essa obra foi produzida inteiramente com base em pinturas a óleo. A técnica, em essência, é simples: a arte é feita sobre vidro (em camadas, como se fosse em Photoshop), fotografada, alterada um pouco, fotografada novamente... E assim vai até a tinta secar, quando então se inicia outra sequência.

Em *Father and daughter*, produzido em 2000 por Michaël Dudok de Wit (1953-), há uma mistura de técnicas com stop motion e computação gráfica. O filme *Com amor, van Gogh*, dirigido por Dorota Kobiela (1978-) e Hugh Welchman (1975-) em 2017, foi o primeiro longa-metragem feito com pinturas a óleo, mas não o primeiro filme.

Já o 3D é qualquer construção em 3D animada. É possível que um filme seja 3D e use efeitos especiais em computer graphic imagery (CGI) ao mesmo tempo, ou que seja só 3D, ou que apenas use CGI. O limite entre esses conceitos é um tanto borrado. Em CGI, efeitos especiais e computação gráfica, os elementos são construídos ou alterados via computador, de forma a se assimilar a volume, forma e textura de objetos reais. São bons exemplos de filmes com essas técnicas: *Jurassic Park*, de 1993, e *As aventuras de Tintim*, de 2011, ambos dirigidos por Steven Spielberg (1946-); *Harry Potter*, de 2001 a 2011, série de filmes dirigidos por Chris Columbus (1958-), Alfonso Cuarón Orozco (1961-), Mike Newell (1942-) e David Yates (1963-); *The Angry Birds: o filme*, de 2016, dirigido por Clay Kaytis (1973-) e Fergal Reilly (1981-); *Carros*, dirigido em 2006 por Brian Fee (1975-) e John Lasseter (1957-), este também dirigiu *Toy Story* em 1995, etc.

Hoje podemos fazer animação considerada tradicional digitalmente, ou seja, desenhamos o filme ainda quadro a quadro, mas unimos as imagens no computador. Às vezes, essa técnica é chamada simplesmente de animação 2D. Existem bons softwares para essa tarefa, como os gratuitos OpenToonz e Pencil2D Animation, e os comerciais Toon Boom Harmony e Moho Pro. Há vários bons exemplos, mas destaco com especial carinho o filme *As bicicletas de Belleville*, dirigido por Sylvain Chomet (1963-) em 2004, que foi desenvolvido inteiramente em Toon Boom.

Motion capture é captura de movimento. Normalmente, em animação, trata-se da captação dos movimentos de um ator, a partir de sensores colocados e mapeados em seu corpo. As informações são enviadas a um computador, que, por sua vez, traduz as ações do ator para as do personagem (normalmente em 3D). Bons exemplos de filmes que utilizaram captura de movimento são: *Watchmen*, dirigido por Zack Snyder (1966-) em 2009; *Alice no País das Maravilhas*, de Tim Burton (1958-), em 2010; *O Hobbit*, dirigido por Peter Jackson (1961-) entre 2012 e 2014; *Aladdin*, dirigido por Guy

Ritchie (1968-) em 2019; *Eu, robô*, dirigido por Alex Proya (1968-) em 2004; *Vingadores: guerra infinita*, dirigido por Anthony Russo (1970-) e Joe Russo (1971-), em 2018; e *King Kong* dirigido por Peter Jackson (1961-) em 2005.

Pixilation é uma técnica de stop motion com atores humanos. Não é muito utilizada hoje em dia em cinema comercial, mas é a mãe dos efeitos cinematográficos. Georges Méliès (1861-1938) fez experimentações com pixilation, sendo as mais conhecidas *Viagem à Lua*, de 1902, e *Viagem através do impossível*, de 1904. Em 1908, Segundo de Chomón (1871-1929) produziu *El hotel eléctrico*, que também merece destaque. A técnica não tem uma relação custo-benefício muito boa e, por esse motivo, é mais utilizada em propagandas e videoclipes curtos, como no videoclipe das músicas "Her morning elegance", de Oren Lavie (1976-), e "The game", do grupo Rodeo Massacre.

Rotoscopia é uma técnica de animação que desenha diretamente em cima dos quadros de um filme ou vídeo gravados em live action. O nome vem de um aparelho inventado por Max Fleischer (1883-1972), chamado rotoscópio, que, por sua vez, é considerado o precursor do motion capture. Um dos filmes mais famosos por utilizar essa técnica é o *Waking life*, dirigido por Richard Linklater (1960-) em 2001, mas essa é uma técnica que pode ser usada de formas mais transparentes, como referência apenas, e que acaba passando despercebida pelo espectador. O clássico da Disney *Branca de Neve e os sete anões*, de 1938, utilizou rotoscopia em algumas cenas, como auxílio aos animadores. *Uma cilada para Roger Rabbit*, dirigido por Robert Zemeckis (1951-) em 1988, por sua vez, é um bom exemplo do uso de rotoscopia com outras técnicas.

Animação 2D vetorial é provavelmente a mais utilizada em desenhos animados que vão para a televisão e que, portanto, precisam de uma produção ágil, rápida, com alto grau de reaproveitamento, o que é permitido por uma animação 2D com rigging, conforme os seguintes exemplos de séries televisivas animadas: *Kitty is not a cat*, *Avatar: a lenda de Aang*, *BoJack Horseman*, *A mansão Foster para amigos imaginários*, *O laboratório de Dexter*, *Du, Dudu e Edu*, *Simpsons*, *Ben 10*, *South Park*, *Family guy*, e muitas outras. Existem muitos softwares para tal tarefa, por exemplo:

- » DigiCel;
- » Moho Pro;
- » OpenToonz;
- » Pencil AD Animation;
- » Toon Boom Animation.

Motion graphics são exatamente o que o nome promete: gráficos em movimento. Essas animações gráficas (com grande influência da pop art) são mescladas com filme live action ou mesmo com outras técnicas de animação. É amplamente utilizado em publicidade e propaganda e em videoclipes musicais. Algumas sequências de título podem ser consideradas motion graphics também. A cantora Anitta usou motion graphics no estilo da pop art em seu clipe "Bang".

Para entrar no mercado de animação, existem basicamente dois caminhos: crie animações autorais que consigam presença nos principais festivais ou envie uma demo reel para os estúdios nos quais você gostaria de trabalhar. Esse é um mercado em que portfólio conta muito mais do que qualquer outra coisa.

Efeitos especiais

Charlie Chaplin (1889-1977) era o rei da trucagem, efeito de câmera que envolve a perspectiva gravada na hora, e não adicionada posteriormente, conforme consideramos efeito especial, ao menos aqui.

O filme *Fantasia* (o original, de 1940), da Disney, por exemplo, conta com alguns efeitos especiais quase imperceptíveis, que adicionam brilho em algumas partes, basicamente.

Diferentemente das animações citadas, tal efeito serve para fazer algo que não conseguimos de outra forma, bem como para corrigir algum problema ou ausência. Portanto, o melhor efeito especial é aquele que a gente não vê, já que ele deve ser integrado à narrativa e passar de forma imperceptível para o espectador.

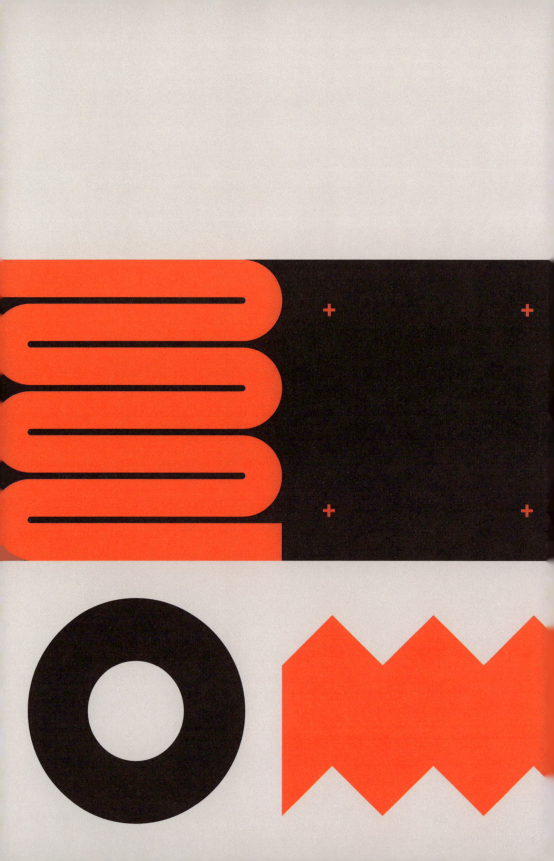

Ilustração digital e a publicidade[1]

A publicidade, comparada às artes plásticas e gráficas, costuma ser a última a adotar ou abraçar uma técnica ou linguagem nova porque não é sua função experimentar plasticamente. Depois que o faz, dita tendências, porque, como seu objetivo é comunicar, atinge normalmente um público esmagadoramente maior do que o das demais artes visuais.

Entretanto, quando falamos em tecnologia no nível do usuário, ou seja, na tecnologia que usamos no dia a dia e temos consciência dela (smartphones, por exemplo), a publicidade frequentemente inova. Já no nível institucional, ou seja, na tecnologia que usamos no cotidiano, mas que muitas vezes não temos consciência dela (engenharia de tráfego, por exemplo), é incomum que a publicidade se envolva.

Esse aspecto mercadológico é relevante porque ele dita também um posicionamento do que esse mercado vai ou não consumir em termos de ilustração e de ilustração digital. Lembre-se da máxima "tempo é dinheiro". A ilustração para o mercado publicitário precisa ser sintética. A publicidade precisa comunicar rapidamente e imediatamente: é uma página virada rapidamente em uma revista, uma propaganda rolada para baixo com o clique do mouse, alguns segundos antes de você pular a propaganda no YouTube, e por aí vai. É fácil encontrar exemplos e compilações de anúncios on-line.

---

[1] Vou falar aqui especificamente sob o ponto de vista do ilustrador. Como a publicidade possui nuances e complexidades que vão muito além das questões da ilustração, trato aqui apenas de ilustração na publicidade.

Talvez o site mais conhecido nesse meio seja o Bored Panda. Vale a pena dar uma googlada.

O que todo publicitário quer é ser inovador, estar à frente do seu tempo e romper com tudo o que veio antes, mas esse tipo de experimentação plástica/gráfica é da alma do artista, não de quem atende ao mercado.

Veja bem, isso não é um problema para a publicidade porque, como disse anteriormente, não é a função dela experimentar plasticamente; a publicidade pertence à árvore da comunicação, ou seja, como seu principal papel é se comunicar com o público, precisa adotar aquilo que ele reconhece.

O publicitário irá inovar em *como* a mensagem chega a seu público, em *quando*, *por quê*, *onde* e em *que tipo* de mensagem, mas, como ele precisa manter a comunicação visual, usará elementos que o público já conhece.

O motivo do alerta é para que você entenda que, muitas vezes, um trabalho artístico não será absorvido na publicidade. Não adianta você chegar lá com uma instalação ou com uma escultura cinética, por melhor que seja; é um outro tipo de pensamento plástico.

Ressalvas feitas, é importante deixar claro que não tem nada de errado em atender ao mercado, seja lá qual for. Só é fundamental que seja uma escolha, e não uma falta de opção. Além disso, é bastante comum que o mesmo artista ou ilustrador desenvolva trabalhos diferentes e para áreas distintas.

Então vamos lá... Se você quer se tornar um criativo de uma agência de publicidade, o caminho normal é procurar um estágio na área – a maioria das agências possui programas de estágio estabelecidos, nos quais você pode se inscrever – e subir aos poucos profissionalmente.

Se você quer freelar (prestar serviços como autônomo), o caminho é parecido com o do mercado editorial. É necessário apresentar o seu trabalho em um formato que o diretor de arte (quem decide essas coisas) entenda. Sugestão:

1. Escolha uma marca ou produto que você realmente adore.
2. Estude as últimas vinte campanhas desse produto e procure por aquilo que muda sempre e pelo que se mantém igual.

3. O que se mantém igual, você preserva.
4. O que muda, mesmo que goste muito, você altera radicalmente.
5. Feche um case com pelo menos uma peça impressa e uma em vídeo.
6. Descubra que agência cuida do produto.
7. Ligue para lá, passe lá, faça qualquer coisa mais pessoal que um e-mail, e descubra quem, dentro da agência, é o responsável por esse produto.
8. Fique amigo do(a) secretário(a) dessa pessoa.
9. Envie para análise.
10. Faça o follow-up (FUP): ligar, saber se recebeu, se gostou, se tem dúvida, etc.

O publicitário, por natureza, é um profissional de comunicação, de pessoas, que gosta do contato pessoal, olho no olho, com quem trabalha. Ao contrário do editor, que normalmente é um sujeito que dá uma boiada inteira para não ser obrigado a falar com uma pessoa, o publicitário adora um evento, um encontro, um bate-papo. É um profissional de people skills; use isso a seu favor.

Existem algumas áreas de atuação em que designer, publicitários e ilustradores atuam com uma separação não muito nítida e não é incomum que o ilustrador digital precise entender sobre embalagens, pictogramas, etc.

Embalagens

Antes de começar a pensar em trabalhar com embalagens, visite uma gráfica. Melhor dizendo: visite várias gráficas. Compreender como a embalagem é produzida é uma parte importantíssima desse processo.

Existe um profissional dentro da gráfica conhecido como faqueiro. É um profissional especializado em corte, dobra e montagem. Pode parecer fácil, mas não é. Esse profissional é seu amigo. Escute o que ele tem a dizer. A opinião de um faqueiro pode te poupar muito tempo e dinheiro. Um bom jeito de começar a compreender essa etapa de como fazer uma embalagem é se transformar em um destruidor de embalagens. Abra as embalagens que tem em casa, corte-as, descubra como foram montadas.

Da parte que nos toca desse latifúndio, comece a observar que, mesmo que um produto tenha a sua campanha inteira em live action, é comum que tenha uma ilustração em sua embalagem; isso se deve ao maior controle de cores e impressão. É um mercado bom, em que, por pior que seja a crise, sempre tem trabalho.

Pictogramas

Pictogramas são representações gráficas e figurativas de objetos, lugares, ações ou conceitos. Os mais conhecidos são os de sinalização de trânsito e os de esportes.

Usamos pictogramas (figura 1) em todo tipo de sinalização e indicação que pretenda ser mais universal do que aquela que depende do conhecimento de determinado idioma. Naturalmente, como em qualquer comunicação, é necessário algum repertório para compreender o pictograma, mas a imagem atinge, sem dúvida alguma, mais pessoas do que o texto escrito.

Figura 1. Pictogramas.

Criamos pictogramas novos com frequência; para cada grande evento esportivo (Olimpíadas, Copas do Mundo de Futebol, etc.), por exemplo, adotam-se novos grupos. Um bom exemplo recente é o dos Jogos Olímpicos Rio 2016, quando foi criado o primeiro conjunto de pictogramas especificamente para os Jogos Paralímpicos.

A telefonia móvel e os smartphones têm trazido boas oportunidades de trabalho nessa área. Para cada aplicativo novo lançado, necessidades inovadoras de comunicação por imagem surgem e, com elas, novos pictogramas, bem como novos ícones.

ÍCONES

A palavra ícone vem do grego *eikon*, que significa "imagem". Todo professor que se preze vai te dizer que os ícones se originaram na arte religiosa bizantina do século V, representando a mensagem cristã textual contida nos Evangelhos. Podemos dizer, então, que, em sua origem, o ícone foi um elemento sintético da mensagem cristã.

Para a semiótica, ícone é aquilo que representa outra coisa por semelhança.

Na linguagem coloquial, usamos a palavra ícone para algo que representa uma ideia, um conceito, etc., por exemplo, dizemos "os grandes ícones do cinema" para atores ou diretores importantes da sétima arte.

Ou seja, é relativamente seguro afirmar que o ícone é um elemento visual sintético de uma ideia ou um conceito. Perceba a adição da palavra visual à minha definição anterior. Sim, é claro que isso ocorre, em parte, porque estou, de forma geral, no campo da linguagem visual, mas também por causa da máxima de que "uma imagem vale mais do que mil palavras".

Vilém Flusser (1920-1991), em *O mundo codificado*, nos lembra que:

> O fato de a humanidade ser programada por superfícies (imagens) pode ser considerado, no entanto, não como uma novidade revolucionária. Pelo contrário: parece tratar-se de uma volta a um estado normal. Antes da invenção da escrita, as imagens eram meios decisivos de comunicação. Como os códigos em geral

> são efêmeros (como, por exemplo, a língua falada, os gestos, os cantos), somos levados a decifrar sobretudo o significado das imagens, nas quais o homem, de Lascaux às plaquetas mesopotâmicas, inscrevia suas ações e seus infortúnios. E, mesmo depois da invenção da escrita, os códigos de superfície, como afrescos e mosaicos, tapetes e vitrais de igrejas, continuavam desempenhando um papel importante. Somente após a invenção da imprensa é que o alfabeto começou efetivamente a se impor. Por isso a Idade Média (e inclusive a Renascença) nos parece tão colorida se comparada à Idade Moderna. Nesse sentido, nossa situação pode ser interpretada como um retorno à Idade Média, ou seja, como uma "volta avant la lettre". (FLUSSER, 2013, p. 125)

Não é difícil compreender, então, como partimos da comunicação por imagens, da qual fala Flusser, para a ideia de imagens como um atalho para se chegar a algo. Os primeiros ícones, no sentido da informática, tinham exclusivamente a função de atalhos para programas ou comandos. Atualmente, usamos ícones também com outras finalidades, como a indicação do andamento de um processo, do nível de tinta de um cartucho de impressora ou da conexão wi-fi disponível.

Os primeiros ícones foram criados para o Macintosh Operating System (conhecido como Mac OS Classic), da Apple, de 1984. Daí em diante, foi um tal de um sistema operacional copiar do outro que ficou até difícil manter o registro.

E por falar em set, instalação de ícones, essas coisas, é bom lembrar que eles não são um arquivo de imagem qualquer, precisam ser do tipo ICO, e a maioria dos softwares de edição de imagens não consegue ler ou gerar esse tipo de arquivo. Para isso, use softwares adequados, tais como:

» Greenfish Icon Editor Pro;
» ICO Convert;
» IcoFX;
» IconsFlow;

» IrfanView;
» Junior Icon Editor;
» Logaster;
» RedKetchup;
» Xicon.

Além de facilitar muito a navegação, visualização e compreensão dos usuários (leitores, visitantes, etc.), criar ícones pode ser lucrativo. O designer Alex King, por exemplo, criou o ícone de compartilharmento (figura 2) em 2006 e, em 2007, o vendeu para a ShareThis.

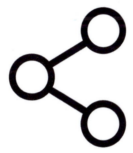

Figura 2. Ícone de compartilhamento, baseado na geometria de uma árvore.

Já o ícone de liga/desliga é anterior ao computador pessoal: a origem é do sistema binário (1: ligado, 0: desligado). Essa codificação já era usada na Segunda Guerra Mundial, mas foi na década de 1970 que passou a ser adotada em circuitos eletrônicos e para representar ligado/desligado (figura 3).

Figura 3. Ícone de ligado/desligado.

Pela natureza minimalista e de dimensões reduzidas do ícone, ele é normalmente formado a partir de bloquinhos que representam pixels ampliados, como podemos ver na figura 4, a tela do X-Icon Editor.

Figura 4. X-Icon Editor.

Repare na coluna à direita, com a prévia do ícone depois de pronto. Não vemos esse grid e nem esses bloquinhos, mas apenas a figura, inclusive com algumas nuances de volume e sombra. Entretanto o que está na construção da imagem do ícone é essa noção do pixel; é mais ou menos como se fosse fruto do casamento do Minecraft com a Mona Lisa.

Outro aspecto importante na criação de ícones é o fundo transparente. Assim como uma logo, eles são aplicados em muitas superfícies diferentes, com a possibilidade de o usuário optar pelo modo escuro de um programa, por exemplo, ou alterar a configuração de aparência em seu sistema operacional.

Sabendo disso, certifique-se de que o seu ícone funcione bem em qualquer tom de fundo. Por funcionar bem, quero dizer que tenha boa legibilidade, bom contraste, compreensão rápida, identificação imediata e que se mantenha reconhecível em vários tamanhos diferentes.

Essas regrinhas, por sinal, são quase idênticas às das logos, notou? É porque o objetivo de ambos, logo e ícone, é parecido: fazer as pessoas reconhecerem e associarem rapidamente: produto, empresa, conceito, marca, aplicativo.

Não por acaso as boas logos muitas vezes prescindem de texto, como a Nike, a Coca-Cola, a Apple, etc.

SINALIZAÇÃO

Existem incontáveis tipos de sinalização diferentes. Os mais conhecidos são: urbana; rodoviária (ou de trânsito); ambiental; tecnológica; de segurança. Da parte que toca ao ilustrador digital, a sinalização também se aproxima do pictograma.

Toda sinalização muda um pouco em cada país. A de trânsito pode diferenciar bastante porque precisa estar de acordo com as normas técnicas específicas do país em questão. Se você trabalha com AutoCad, existe o Transys, com a sinalização de trânsito brasileira.

De forma geral, a sinalização utiliza pictogramas e texto, individualmente ou combinados.

Existem outros tipos de sinalização, como a sonora, mas trataremos aqui apenas de imagens. No Japão, por exemplo, todos os semáforos urbanos emitem um som bem alto que, pela diferença de tempo no intervalo dos alertas sonoros, sinaliza para o pedestre com deficiência visual quanto tempo ele ainda tem para atravessar a rua.

Os sinais gráficos ou visuais assumem diversos formatos, geralmente normatizados e precisam obedecer à legislação local. Então você não pode, por exemplo, criar uma placa de Pare no formato de um gatinho; não se trata de uma criação livre. Quer dizer, você pode fazer o que quiser, mas a placa não será usada nas vias urbanas.

O motivo para tanta rigidez é criar um padrão que seja imediatamente reconhecido. É, sem exagero, um caso de vida ou morte que o motorista compreenda, em frações de segundo, a placa de Pare; não há tempo para interpretações, precisa ser algo já gravado no subconsciente.

Nós, artistas, somos rebeldes por natureza e temos uma tendência a brigar contra as normas, mas, mesmo assim, reconhecemos a utilidade e necessidade de alguns padrões. Quando compramos uma tinta de determinada cor, esperamos aquela exata cor e não algo próximo ou parecido, não é verdade? Então, nem sempre a padronização é ruim, vai…

Mídias sociais

Sempre me perguntei se existe alguma mídia que não seja social, mas ok, não importa. Esse termo surge para diferenciá-las das ditas mídias tradicionais, cuja interação não é tão prática, ágil, rápida ou democrática. Sim, você pode mandar uma carta (e-mail, alguém ainda manda carta?) para um grande jornal, mas as chances de ela ser publicada são bem pequenas. Há uma questão de censura, de linha editorial, de direito de resposta e mais um monte de outros critérios, mas tem também uma questão prática: o espaço impresso é limitado. No digital, essa barreira desaparece quase que por completo. Se há, então, um diálogo possível, existe também uma coparticipação do produtor e do consumidor dessa informação. Entendemos, portanto, que a mídia social constrói um conteúdo compartilhado com o fruidor, leitor ou espectador. Não apenas considerando visualização e leitura, mas também em termos de construção de narrativa, divulgação, etc.

Vale lembrar que essas tecnologias e plataformas são todas muito recentes. O Facebook é de 2004; o YouTube, de 2005; o Twitter, de 2006; o Whatsapp, de 2009. Estamos ainda em plena criação e transformação; este é, portanto, um texto difícil de escrever porque já nasce datado. As mudanças, em termos de história humana, são rápidas demais. A influência das mídias sociais já não é mais sequer questionada.

Para nós, produtores e criadores de imagens, as notícias não poderiam ser melhores, já que 93% da comunicação humana é visual (LOPES, 2021); conteúdo com imagens relevantes obtém 94% mais visualizações do que conteúdo sem imagens relevantes (BULLAS, 2017) e 80% do tráfego na internet é composto por vídeos (ELEVA BRANDING & DESIGN, 2020). Pensando em mídias sociais, o conteúdo visual tem quarenta vezes mais chances de ser compartilhado (SINHAS, 2020). Além disso, retemos 80% do que vemos, 20% do que lemos e apenas 10% do que ouvimos (GABRIEL, 2016), o que faz com que a imagem exerça um papel fundamental tanto na comunicação quanto na educação.

Nós já vimos na seção de GIFs e memes a construção de imagens desse tipo, mas, mesmo que não seja um meme ou que não tenha a intenção de ser um, lembre-se de que humor e velocidade de resposta são valores importantes na internet, especialmente em mídias sociais.

Quanto mais rápida for essa mídia, mais importante é que a mensagem seja transmitida na mesma velocidade. É óbvio que é bom se preocupar com a recepção da imagem em qualquer mídia, nova ou velha, digital ou impressa, etc. Aqui, entretanto, essa questão se torna crucial. Para trabalhar com mídias sociais, o ilustrador precisa ser um pouco designer também. Na verdade, ele também deve ser jornalista, redator, publicitário, programador, editor de imagens e de vídeos, videomaker, psicólogo, sociólogo e, se possível, humorista. (*Ser* aqui, como figura de linguagem, pois temos total e profundo respeito a cada uma dessas profissões e não achamos que seja fácil ou simples exercê-las sem a formação específica na área.)

Considerações finais

A ilustração, de forma geral, é um campo profissional gigantesco que não apenas permite, mas que abraça a experimentação, a inovação e os estilos autorais individuais.

Atualmente, é praticamente impossível separar o digital da ilustração; mesmo que seja feita apenas a digitalização de uma arte utilizando processos tradicionais, haverá, necessariamente, algum tipo de correção ou ajuste digital.

Ainda que os processos gráficos sejam considerados mais tradicionais e artesanais, como a serigrafia, eles utilizam o digital para criar as suas matrizes. O mesmo ocorre com os processos gráficos industriais.

Portanto é importante que o ilustrador conheça o universo digital, mesmo que o seu processo criativo não utilize um computador.

Para finalizar, lembre-se sempre do que disse Leonardo da Vinci: "Quem pensa pouco, erra muito", ou seja, experimente, experimente, experimente!

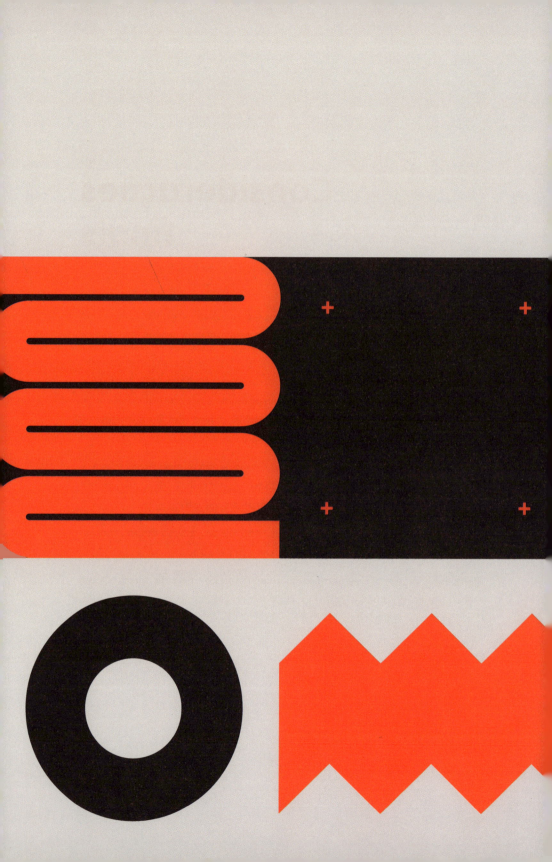

Referências

DAWKINS, R. **O gene egoísta**. São Paulo: Companhia das Letras, 2007.

FLUSSER, V. **O mundo codificado**: por uma filosofia do design e da comunicação. São Paulo: Cosac Naify, 2013.

GOETHE, J. W. von. **Doutrina das cores**. São Paulo: Nova Alexandria, 1993.

HORTA, N. B. **O meme como linguagem da internet**: uma perspectiva semiótica. 2015. Dissertação (Mestrado em Comunicação) – Universidade de Brasília, Brasília, DF, 2015. Disponível em: https://repositorio.unb.br/handle/10482/18420. Acesso em: 14 fev. 2022.

LESSIG, L. **Remix**: making art and commerce thrive in the hybrid economy. Nova York: Penguin Books, 2009.

MEME (Internet). *In*: WIKIPÉDIA: a enciclopédia livre, [2021]. Disponível em: https://pt.wikipedia.org/wiki/Meme_(Internet). Acesso em: 6 jan. 2022.

PASSOS, M. V. F. O gênero "meme" em propostas de produção de textos: implicações discursivas e multimodais. **Anais do SIELP**, Uberlândia: EDUFU, v. 2, n. 1, 2012.

RECUERO, R. da C. Memes e dinâmicas sociais em weblogs: informação, capital social e interação em redes sociais na internet. **Intexto**, Porto Alegre, v. 2, n. 15, p. 124-140, jul./dez. 2006. Disponível em: https://seer.ufrgs.br/index.php/intexto/article/view/4265/4427. Acesso em: 14 fev. 2022.

SILVA, G. de L. Arte e a cultura dos memes. **Polêm!ca**, v. 11, n. 1, p. 130-134, abr. 2012. Disponível em: https://www.e-publicacoes.uerj.br/index.php/polemica/article/view/2999. Acesso em: 14 fev. 2022.

WANG, V.; WANG, D. The impact of the increasing popularity of digital art on the current job market for artists. **Art and Design Review**, v. 9, n. 3, ago. 2021. Disponível em: https://www.scirp.org/journal/paperinformation.aspx?paperid=110725. Acesso em: 14 fev. 2022.

X-ICON EDITOR. Homepage. X-Icon Editor, [s. d.]. Disponível em: https://www.xiconeditor.com/. Acesso em: 26 jul. 2022.

Bibliografia recomendada

ALLOA, E. (org.). **Pensar a imagem**. Belo Horizonte: Autêntica, 2017. (Filô Estética).

ARCHER, M. **Arte contemporânea**: uma história concisa. São Paulo: Martins Fontes, 2012. (Mundo da Arte).

ARNHEIM, R. **Arte e percepção visual**: uma psicologia da visão criadora. São Paulo: Cengage, 2019.

BERNADET, J-C. **O que é cinema**. São Paulo: Brasiliense, 2012. (Primeiros Passos).

BULHÕES, M. A. *et al*. **As novas regras do jogo**: o sistema de arte no Brasil. Porto Alegre: Zouk, 2014.

BULLAS, J. 6 powerful reasons why you should include images in your marketing – infographic. **Jeff Bullas**, 21 out. 2017. Disponível em: https://www.jeffbullas.com/6-powerful-reasons-why-you-should-include-images-in-your-marketing-infographic/. Acesso em: 16 fev. 2022.

BURKE, P.; PORTER, R. (org.). **História social da linguagem**. São Paulo: Editora Unesp, 1997.

CAMPOS, H. de. **A arte no horizonte do improvável**. São Paulo: Perspectiva, 2010. (Debates, 16).

CAUQUELIN, A. **Arte contemporânea**: uma introdução. São Paulo: Martins Fontes Editora, 2005. (Todas as Artes).

DERRIDA, J. **Pensar em não ver**: escritos sobre as artes do visível (1979-2004). Florianópolis: EdUFSC, 2012.

DOMINGUES, D. (org.). **Arte, ciência e tecnologia**: passado, presente e desafios. São Paulo: Editora Unesp, 2009.

DONDIS, D. **Sintaxe da linguagem visual**. 3. ed. São Paulo: Martins Fontes Editora, 2007. (Coleção A).

DUBOIS, P. **Cinema, vídeo, Godard**. São Paulo: Cosac Naify, 2004.

ELEVA BRANDING & DESIGN. Por que o marketing de conteúdo visual é importante para o meu negócio? **Eleva Branding & Design**, 3 jul. 2020. Disponível em: https://elevabd.com.br/o-marketing-de-conteudo-visual-e-importante-os-negocio/. Acesso em: 16 fev. 2022.

GABRIEL, M. Marketing de conteúdo: orquestrando e programando no Instagram. **Martha Gabriel**, 17 nov. 2016. Disponível em: https://www.martha.com.br/marketing-de-conteudo-orquestrando-e-programando-no-instagram/. Acesso em: 16 fev. 2022.

GIACOMANTONIO, M. **Os meios audiovisuais**. Lisboa: Ed. 70, 1976.

GIORA, R. **Diversidade cultural e criatividade**. Taubaté: Cabral Universitária, 2015.

GOMBRICH, E. H. **Arte e ilusão**: um estudo da psicologia da representação pictórica. 4. ed. São Paulo: Martins Fontes Editora, 2007.

GOMBRICH, E. H. **Norma e forma**. São Paulo: Martins Fontes Editora, 1990.

GOMBRICH, E. H. **Os usos das imagens**: estudos sobre a função social da arte e da comunicação visual. Porto Alegre: Bookman, 2012.

GRAU, O. **Arte virtual**: da ilusão à imersão. São Paulo: Editora Unesp: Editora Senac São Paulo, 2007.

KEHL, M. R.; BUCCI, E. **Videologias**: ensaios sobre televisão. São Paulo: Boitempo, 2004. (Estado de Sítio).

LEÃO, L. **O labirinto da hipermídia**: arquitetura e navegação no ciberespaço. 3. ed. São Paulo: Iluminuras, 2005.

LÉVY, P. **As tecnologias da inteligência**: o futuro do pensamento na era da informática. Rio de Janeiro: Editora 34, 1993.

LOPES, A. Marleting visual: definição, exemplos e melhores práticas. **Planejador Web**, 24 out. 2021. Disponível em: https://planejadorweb.com.br/marketing-visual/#Por_que_o_conteudo_visual_e_importante. Acesso em: 16 fev. 2022.

MATURANA, H. **Cognição, ciência e vida cotidiana**. 2. ed. Belo Horizonte: Editora UFMG, 2014.

MORAIS, F. **Arte é o que eu e você chamamos arte**: 801 definições sobre arte e o sistema da arte. Rio de Janeiro: Bazar do Tempo, 2018.

MUNARI, B. **Das coisas nascem coisas**. 3. ed. São Paulo: Martins Fontes Editora, 2015. (Coleção A).

SALLES, C. A. **Arquivos de criação**: arte e curadoria. Vinhedo: Horizonte, 2010.

SINHAS, S. 6 ways (with examples) to drive visual marketing with interactive content. **SEO National**, 10 ago. 2020. Disponível em: https://www.seonational.com/visual-marketing-interactive-content/. Acesso em: 16 fev. 2022.

STAM, R. **Introdução à teoria do cinema**. Campinas: Papirus, 2003. (Campo Imagético).

VIGNA, C. Através de muitos espelhos. **Rascunho**, ed. 185, set. 2015. Disponível em: https://rascunho.com.br/ensaios-e-resenhas/atraves-de-muitos-espelhos/. Acesso em: 19 ago. 2022.

VIGNA, C. Joseph Mallord William Turner. **Arte na prática**, 14 abr. 2021. Disponível em: https://artenapratica.com.br/turner/. Acesso em: 23 ago. 2022.

VIGNA-MARÚ, C. A ferramenta não faz o artista. **Web Design**, Rio de Janeiro, ano 7, n. 79, p. 66-67, 1o jul. 2010. Disponível em: https://carolina.vigna.com.br/a-ferramenta-nao-faz-o-artista/. Acesso em: 23 ago. 2022.

WATTS, H. **On camera**: o curso de produção de filme e vídeo da BBC. São Paulo: Summus, 1990. (Novas Buscas em Comunicação, 36).

WENDERS, W. **A lógica das imagens**. Lisboa: Ed. 70, 1990.

Créditos das figuras

ILUSTRAÇÃO DIGITAL

Figura 1. TÖPFFER, R. Histoire de Monsieur Cryptogame. 1830. *In*: Wikimedia Commons, 2005. Disponível em: https://commons.wikimedia.org/wiki/File:Toepffer_Cryptogame_13.png?uselang=fr. Acesso em: 15 fev. 2022.

Figura 2. AGOSTINI, A. O nosso Zé Caipora. 1886. *In*: Wikimedia Commons, 2008. Disponível em: https://pt.wikipedia.org/wiki/Ficheiro:Agostini_Z%C3%A9_Caipora.jpg. Acesso em: 15 fev. 2022.

Figura 3. OUTCAULT, R. F. The yellow kid. 8 nov. 1896. *In*: Wikimedia Commons, 2006. Disponível em: https://commons.wikimedia.org/wiki/File:1896-11-08_Yellow_Kid.jpg. Acesso em: 15 fev. 2022.

Figura 4. HERRIMAN, G. Krazy kat. 6 jan. 1918. *In*: Wikimedia Commons, 2007. Disponível em: https://commons.wikimedia.org/wiki/File:Krazykat.jpg. Acesso em: 15 fev. 2022.

Figura 5. RULLAH, Jungle goddess *In*: Wikimedia Commons, 2008. Disponível em: https://commons.wikimedia.org/wiki/File:Rulah2323.JPG. Acesso em: 15 fev. 2022.

Figura 6. MASEREEL, F. Die Passion Eines Menschen. 1918. *In*: Wikimedia Commons, 2008. Disponível em: https://en.wikipedia.org/wiki/File:Frans_Masereel_(1918)_Die_Passion_Eines_Menschen_25.jpg. Acesso em: 15 fev. 2022.

EQUIPAMENTO

Figura 1. GAILLARD, F. Coronal T2 (grey scale inverted) MRI of the brain at the level of the the caudate nuclei. [*s. d.*]. *In*: Wikimedia Commons, 2009. Disponível em: https://commons.wikimedia.org/wiki/File:26638.medium.jpg. Acesso em: 15 fev. 2022.

CORES

Figura 1. GOETHE, J. W. von. Farbenkreis zur Symbolisierung des menschlichen Geistes- und Seelenlebens. 1809. *In*: Wikimedia Commons, 2009. Disponível em: https://commons.wikimedia.org/wiki/File:Goethe,_Farbenkreis_zur_Symbolisierung_des_menschlichen_Geistes-_und_Seelenlebens,_1809.jpg. Acesso em: 15 fev. 2022.

TIPOS DE IMAGENS DIGITAIS

Figura 1. NATIONAL INSTITUTE OF STANDARDS AND TECHNOLOGY (NIST). Fiftieth anniversary of first digital image marked. *In*: Wikimedia Commons, 2007. Disponível em:

https://commons.wikimedia.org/wiki/File:Fiftieth_Anniversary_of_First_Digital_Image_Marked_(5940462465).jpg. Acesso em: 15 fev. 2022.

Figura 3. MEYER, I. Comparison between vector image and raster image. 2018. *In*: Wikimedia Commons, 2018. Disponível em: https://commons.wikimedia.org/wiki/File:Vectores_vs_rasters.png. Acesso em: 15 fev. 2022.

Figura 5. MEME 2020. **Reddit**, 2020. Disponível em: https://www.reddit.com/r/memes/comments/ejd0kj/i_think_the_doge_cloud_in_this_meme_represents/. Acesso em: 15 fev. 2022.

MIXED MEDIA

Figura 1. MANGAAKA Power Figure (Nkisi N'Kondi). [2008]. *In*: The Metropolitan Museum of Art, [2008]. Disponível em: https://www.metmuseum.org/art/collection/search/320053. Acesso em: 15 fev. 2022.

ILUSTRAÇÃO DIGITAL E O MERCADO EDITORIAL

Figura 2. TOULOUSE-LAUTREC, H. Troupe de Mlle. Eglatine. 1896. *In*: Wikimedia Commons, 2008. Disponível em: https://commons.wikimedia.org/wiki/File:Lautrec_la_troupe_de_mlle_eglantine_(poster)_1895-6.jpg. Acesso em: 15 fev. 2022.

Figura 3. MUCHA, A. Gismonda. 1894. *In*: Wikimedia Commons, 2020. Disponível em: https://commons.wikimedia.org/wiki/File:Alfons_Mucha_-_1894_-_Gismonda.jpg. Acesso em: 15 fev. 2022.